IT

働きやすさを
実現する

特定社会保険労務士
郡司果林 [著]

エンジニアの
労務管理

日本法令

はしがき

　私は、大学卒業後、ある会社にITエンジニアとして就職しました。そこでの仕事はとても楽しかったです。バリバリの文系学生でパソコンなど触ったことすらなかった自分が、マウスの使い方から学び、自分がプログラミングした文字列が初めて真っ黒な画面に表示された時の衝撃は今でも忘れられません。段々できる作業が増えていき、携わる工程も高度なものとなっていき、部分的にしか見えなかったものが全体を見渡せるようになり、自分が携わったものが世の中で稼働している様子にはとてもやりがいを感じることができました。

　その一方で、自分の中での葛藤も増えていきました。のめり込みすぎる自分の性格と、ちょうど忙しいプロジェクトにいたことも重なり、休日も深夜も関係ない生活が続きました（とはいえ、念のためですが決してブラックな会社ではありません）。システム開発そのものは楽しいけれど、この状態を一生続けていくことができるのだろうかと考え、結局私は、キャリアチェンジすることとなりました。

　退職後に社会保険労務士の勉強を始めて合格し、今度は人事担当者としてITエンジニアに関わることとなりました。そこで初めて、自分がエンジニアとしてどのような法体系の中に置かれていたのか、ということを客観的に理解することとなりました。そして今度は、人事担当者がどれだけ悩みを抱えながら孤軍奮闘しているのか、ということも身につまされて感じたのです。

　エンジニア時代はそれなりに大変なこともありましたが（仕事ですから当たり前）、文系出身の右も左もわからない新人に根気よく付き合ってくださった当時の先輩や会社の方々には今でも感謝しています。システム開発業界やそこで出会った方々に育てていただいたからこそ、今の自分があるとも考えています。そのような私が、立場が変わっても今度は社会保険労務士としてシステム開発業界で働く方々

（エンジニア、人事担当者、そのご家族も）の支援をさせていただけることは、何かのご縁ではないかと思っていますし、お世話になった業界に恩返ししていきたい気持ちでいっぱいです。

　本書では、「紛争を想定した」リスク防止の観点はもちろんですが、その一歩手前の「紛争そのものが起こらない、働きやすい組織づくり」を目指しています。このため、コンプライアンスに基づく最新の動向と古いけれども大切にしたいアナログな話の両方に触れています。エンジニアとしての悩みも人事担当者としての悩みも自分が経験してきたからこそ、技術革新と共に労働環境も激変の中にあるこの業界で働く方々には、仕事もキャリアも家庭も大切にしながら、長く幸せな人生を送っていただきたいと切に望んでいます。そのために本書が少しでもお役に立てましたら幸いです。

特定社会保険労務士　郡司　果林

目次

第1章　IT エンジニアが所属する情報システム開発業界の概要

1　IT エンジニアとは ………………………………… 14

2　IT エンジニアが関わる情報システム開発業界の種類
　………………………………………………………… 15

3　情報システム開発業界の特徴 …………………… 17

4　システム開発の流れ ……………………………… 18

　1　伝統的大規模システム開発の流れと多重階層構造 ………… 18

　2　多重階層構造による開発の労務管理上の問題点 …………… 21

　3　今後のシステム開発の流れと動向
　　　〜 DX とシステム開発形態の激変と労働環境の変化〜 … 23

　4　システム開発に携わる職種と特徴 …………………… 26

第2章　IT エンジニアを取り巻く契約形態

1　システム開発における契約形態 ………………… 30

　1　会社間での人のやりとりに関する基本の契約形態 ………… 30

　2　問題となる労務管理の形態（労働者供給、偽装請負、
　　　二重派遣） ……………………………………… 36

　3　派遣、業務委託の切り分け …………………… 41

4 業務委託契約における適正な労務管理のために行うべき
こと ‥‥‥‥‥‥‥‥‥‥‥‥‥‥‥‥‥‥‥‥‥‥‥‥‥‥ 42

5 SES が問題になりやすいのはなぜか ‥‥‥‥‥‥‥‥‥‥ 46

2 フリーランス（個人事業主）との契約 ‥‥‥‥‥‥‥ **48**

1 フリーランスの契約形態 ‥‥‥‥‥‥‥‥‥‥‥‥‥‥ 48

2 フリーランスとの契約が好まれる背景 ‥‥‥‥‥‥‥‥ 48

3 フリーランスと労働者の判断基準 ‥‥‥‥‥‥‥‥‥‥ 49

4 フリーランスとの契約の問題点 ‥‥‥‥‥‥‥‥‥‥‥ 50

5 フリーランスとの契約において気を付けるべきこと ‥‥‥ 52

6 個人事業主契約が認められなかった例 ‥‥‥‥‥‥‥‥ 52

7 インターンシップとは何か ‥‥‥‥‥‥‥‥‥‥‥‥‥ 53

3 派遣契約において気を付けること ‥‥‥‥‥‥‥‥‥ **55**

1 派遣受入期間制限に関すること ‥‥‥‥‥‥‥‥‥‥‥ 55

2 労働契約申込みみなし制度について ‥‥‥‥‥‥‥‥‥ 56

3 契約に当たって留意すべきこと ‥‥‥‥‥‥‥‥‥‥‥ 56

4 派遣先責任者の選任及び派遣先管理台帳の作成 ‥‥‥‥‥ 57

5 派遣労働者の同一労働同一賃金（2020 年 4 月から）‥‥‥ 57

6 派遣先と派遣元の責任分担チェックリスト ‥‥‥‥‥‥ 61

第3章 長時間労働問題と労働時間管理の基本

1 IT エンジニアの労働時間管理が難しいのはなぜか ‥‥ **64**

1 システム開発の多重階層構造から発する構造上の問題 ‥‥‥ 66

2 トラブル対応 ‥‥‥‥‥‥‥‥‥‥‥‥‥‥‥‥‥‥‥ 68

3 個々のエンジニアに対する教育、能力開発の問題 ‥‥‥‥ 69

**2 どうして長時間労働対策に取り組まなければならない
のか** ‥‥‥‥‥‥‥‥‥‥‥‥‥‥‥‥‥‥‥‥‥‥‥‥ **70**

1 こころと身体を蝕む長時間労働 ‥‥‥‥‥‥‥‥‥‥‥ 70

2 脳・心臓疾患の労災認定基準 ・・・・・・・・・・・・・・・・・・・・・・・・・・・・・・・・ 71

3 取引慣行の見直し ・・・ 73

3 労働時間管理の基本 ・・・・・・・・・・・・・・・・・・・・・・・・・・・・・・ **75**

1 労働時間と休日の原則 ・・・・・・・・・・・・・・・・・・・・・・・・・・・・・・・・・・・・・ 75

2 三六協定（時間外及び休日労働に関する協定） ・・・・・・・・・ 76

3 プロジェクトマネージャーも罪に問われる⁉ 労働時間の
管理 ・・ 78

4 紛らわしい労働時間のカウント ・・・・・・・・・・・・・・・ **79**

1 法定労働時間と所定労働時間 ・・・・・・・・・・・・・・・・・・・・・・・・・・・・・ 79

2 土曜日や祝日に出勤したら「休日労働」？ ・・・・・・・・・・・・・ 80

3 どうして月45時間、80時間、100時間なのか ・・・・・・・・・ 82

第4章 柔軟な働き方を実現するための時間管理制度

1 労働基準法上の制度 ・・・・・・・・・・・・・・・・・・・・・・・・・・・・・・ **86**

1 フレックスタイム制 ・・・・・・・・・・・・・・・・・・・・・・・・・・・・・・・・・・・・・・・ 86

2 1か月単位の変形労働時間制 ・・・・・・・・・・・・・・・・・・・・・・・・・・・・・ 93

3 専門業務型裁量労働制 ・・・・・・・・・・・・・・・・・・・・・・・・・・・・・・・・・・・・ 94

4 高度プロフェッショナル制 ・・・・・・・・・・・・・・・・・・・・・・・・・・・・・・ 97

5 「柔軟」と「無秩序」は同じではない ・・・・・・・・・・・・・・・・・・ 99

2 ITエンジニア向けの独自の労働時間管理制度 ・・・・・・・・ **100**

1 シフト勤務制（始業終業時刻の繰上げ繰下げ） ・・・・・・・・・ 100

2 常駐先に応じた所定時間変更制度 ・・・・・・・・・・・・・・・・・・・・・・・ 100

3 私用外出、私用遅刻、私用早退制度 ・・・・・・・・・・・・・・・・・・・・・ 101

4 徹夜明け代休（徹夜明け勤務免除） ・・・・・・・・・・・・・・・・・・・・・ 102

5 振替休日と代休の活用 ・・・・・・・・・・・・・・・・・・・・・・・・・・・・・・・・・・・・ 103

第5章　未払残業代問題

1　未払残業代はどのように発覚し、請求されるのか ‥108

　1　労働基準監督署からの是正勧告による場合 ‥‥‥‥‥‥ 108

　2　本人が弁護士等を通じて請求してくる場合 ‥‥‥‥‥‥ 110

2　払っただけでは終わらない、未払残業代発覚の事後対応 ‥‥‥‥‥‥‥‥‥‥‥‥‥‥‥‥‥‥‥‥‥ 111

　1　未払残業対応の事後措置 ‥‥‥‥‥‥‥‥‥‥‥‥‥‥ 111

　2　賃金制度の改訂 ‥‥‥‥‥‥‥‥‥‥‥‥‥‥‥‥‥‥ 111

3　未払残業代を発生させないための対応 ‥‥‥‥‥‥ 114

　1　客先請求時間と賃金計算に使用する労働時間は別々に管理する ‥‥‥‥‥‥‥‥‥‥‥‥‥‥‥‥‥‥‥‥‥‥‥ 114

　2　固定残業代制度（みなし残業代）は正しく運用する ‥‥‥ 115

　3　年俸制 ‥‥‥‥‥‥‥‥‥‥‥‥‥‥‥‥‥‥‥‥‥‥ 122

　4　プロジェクトマネージャーには残業代がいらないのか ‥‥‥ 123

第6章　労務トラブルを防ぐための労働時間の把握と記録

1　時間外労働に対する教育、認識共有 ‥‥‥‥‥‥ 128

　1　在社時間＝勤務時間ではないということを共有する ‥‥‥ 128

　2　始業前、終業後に不必要に会社に残らないよう徹底する ‥ 129

　3　時間外労働は会社の命令によって行うものだということを共有する ‥‥‥‥‥‥‥‥‥‥‥‥‥‥‥‥‥‥‥‥‥ 129

　4　労働時間に該当するのかしないのか、判断の曖昧な時間についての認識を共有する ‥‥‥‥‥‥‥‥‥‥‥‥‥‥ 130

2　労働時間の正しい記録、把握 ‥‥‥‥‥‥‥‥‥ 132

　1　労働時間を正しく記録することの目的 ‥‥‥‥‥‥‥‥ 132

　　2　労働安全衛生法で定める労働時間の記録方法 ・・・・・・・・・・・・・ 133

　　3　IT エンジニアの労働時間の記録方法 ・・・・・・・・・・・・・・・・・・・ 139

3　時間外労働を行う際の手続きの明確化（申請、承認）
　　・・ **141**

　　1　時間外労働を行う際の手続き ・・・・・・・・・・・・・・・・・・・・・・・・・ 141

　　2　時間外労働申請の方法 ・・・・・・・・・・・・・・・・・・・・・・・・・・・・・・・ 141

　　3　現場から反発があった場合は ・・・・・・・・・・・・・・・・・・・・・・・・・ 142

第7章　メンタルヘルスケアへの取組み

1　IT エンジニアとメンタルヘルス不調 ・・・・・・・・・・・・・・・・・・ **144**

　　1　データで見るメンタルヘルス不調 ・・・・・・・・・・・・・・・・・・・・・ 144

　　2　IT エンジニアにメンタルヘルス不調が多いのはなぜか ・・・・ 146

2　メンタルヘルスケアに対応すべき理由 ・・・・・・・・・・・・・・・ **152**

　　1　法律で定められているため ・・・・・・・・・・・・・・・・・・・・・・・・・・ 152

　　2　命を守るため ・・・・・・・・・・・・・・・・・・・・・・・・・・・・・・・・・・・・・ 152

　　3　プロジェクトの円滑な遂行のため ・・・・・・・・・・・・・・・・・・・・・ 153

3　精神障害と労災認定基準 ・・・・・・・・・・・・・・・・・・・・・・・・・・ **154**

4　メンタルヘルスケアでやるべきこと ・・・・・・・・・・・・・・・・・ **158**

　　1　企業が行うメンタルヘルスケア対策とは ・・・・・・・・・・・・・・・ 158

　　2　ルール（就業規則）や休職に関するマニュアルの整備 ・・・・ 160

　　3　有事対応のマニュアル化 ・・・・・・・・・・・・・・・・・・・・・・・・・・・・ 160

　　4　体制整備、スタッフ割り当て ・・・・・・・・・・・・・・・・・・・・・・・・ 161

　　5　周知、教育、フォロー体制の確立 ・・・・・・・・・・・・・・・・・・・・ 162

5　休職・復職を金銭面で支える制度について ・・・・・・・・・・ **164**

6　休職制度の設計 ・・・・・・・・・・・・・・・・・・・・・・・・・・・・・・・・・・ **167**

　　1　休職制度とは ・・・・・・・・・・・・・・・・・・・・・・・・・・・・・・・・・・・・・ 167

　　2　休職制度について決めるべきこと　‥‥‥‥‥‥‥‥‥　168

　　3　休職に入る際の手続き　‥‥‥‥‥‥‥‥‥‥‥‥‥‥　170

　7　復　　職　‥‥‥‥‥‥‥‥‥‥‥‥‥‥‥‥‥‥‥‥‥　176

　　1　本人からの復職申請　‥‥‥‥‥‥‥‥‥‥‥‥‥‥‥　177

　　2　復職判定　‥‥‥‥‥‥‥‥‥‥‥‥‥‥‥‥‥‥‥‥　177

　　3　職場復帰プランの作成　‥‥‥‥‥‥‥‥‥‥‥‥‥‥　183

　　4　職場復帰、フォロー　‥‥‥‥‥‥‥‥‥‥‥‥‥‥‥　183

　8　早期発見と予防のために　‥‥‥‥‥‥‥‥‥‥‥‥‥‥　184

　　1　勤怠を確認する　‥‥‥‥‥‥‥‥‥‥‥‥‥‥‥‥‥　184

　　2　現場プロジェクトマネージャー、リーダーから情報を募る

　　　　‥‥‥‥‥‥‥‥‥‥‥‥‥‥‥‥‥‥‥‥‥‥‥‥‥　184

　9　ITエンジニアにとっての本当のメンタルヘルスケア
　　　とは　‥‥‥‥‥‥‥‥‥‥‥‥‥‥‥‥‥‥‥‥‥‥‥　186

第8章　労務問題解決手段としての衛生委員会の活用と安全衛生管理体制

　1　人事担当者と他部門従業員との信頼関係構築の重要性
　　　‥‥‥‥‥‥‥‥‥‥‥‥‥‥‥‥‥‥‥‥‥‥‥‥‥‥　188

　　1　物理的に距離が離れていることによる人間関係の隔たり　‥‥　188

　　2　人事部門と現場開発部門の相互理解不足　‥‥‥‥‥‥‥　189

　2　安全衛生管理体制とは　‥‥‥‥‥‥‥‥‥‥‥‥‥‥‥　191

　　1　労働安全衛生法とは　‥‥‥‥‥‥‥‥‥‥‥‥‥‥‥　191

　　2　安全衛生管理体制の全体図　‥‥‥‥‥‥‥‥‥‥‥‥　192

　3　安全衛生管理体制を担うスタッフの役割　‥‥‥‥‥‥　194

　　1　総括安全衛生管理者　‥‥‥‥‥‥‥‥‥‥‥‥‥‥‥　194

　　2　衛生管理者　‥‥‥‥‥‥‥‥‥‥‥‥‥‥‥‥‥‥‥　195

　　3　産業医　‥‥‥‥‥‥‥‥‥‥‥‥‥‥‥‥‥‥‥‥‥　196

　　4　衛生推進者　　・・・　200

　4　衛生委員会の活用　・・・・・・・・・・・・・・・・・・・・・・・・・・・・・・・・・・　**201**

　　1　どうして衛生委員会なのか　・・・・・・・・・・・・・・・・・・・・・・・・・・・・　201

　　2　衛生委員会の効果的な運営方法　・・・・・・・・・・・・・・・・・・・・・・　205

　　3　ITエンジニアの労務管理独特の話題を取り入れる　・・・・・・・　207

　　4　みんなで職場巡視をしてみる　・・・・・・・・・・・・・・・・・・・・・・・・・・　208

　5　職場改善と衛生委員会　・・・・・・・・・・・・・・・・・・・・・・・・・・・・・・　**210**

　　1　職場環境アンケートの活用　・・・・・・・・・・・・・・・・・・・・・・・・・・・・　210

　　2　就業規則の改定　・・・・・・・・・・・・・・・・・・・・・・・・・・・・・・・・・・・・・　211

　　3　長時間労働対策　・・・・・・・・・・・・・・・・・・・・・・・・・・・・・・・・・・・・・　212

　　4　マネージャー教育・ミニ研修の場として　・・・・・・・・・・・・・・・・・　213

　　5　メンタルヘルスケア体制のフォローの場として　・・・・・・・・・・・・　213

　6　従業員50人未満の会社における安全衛生管理体制
　　　・・　**214**

　　1　従業員50人未満なら安全衛生にかかわる取組みをしなく
　　　　てもよいのか？　・・・・・・・・・・・・・・・・・・・・・・・・・・・・・・・・・・・・・・・　214

　　2　地域産業保健センターとは　・・・・・・・・・・・・・・・・・・・・・・・・・・・・　215

第9章　人材育成、人材定着への取組み

　1　コンプライアンスに基づいた労務管理と長時間労働の
　　　削減　・・　**218**

　2　リーダー層・営業担当者の労務管理教育　・・・・・・・・・・・・　**220**

　3　一般従業員への教育　・・・・・・・・・・・・・・・・・・・・・・・・・・・・・・・　**222**

　　1　2種類の教育　・・　222

　　2　人材不足と人材余剰への対策　・・・・・・・・・・・・・・・・・・・・・・・・・223

　4　信頼関係の構築　・・・・・・・・・・・・・・・・・・・・・・・・・・・・・・・・・・・・　**225**

　　1　制度が充実していれば人材は定着するのか？　・・・・・・・・・・・　225

　　2　給与が高ければ人材は定着するのか？　・・・・・・・・・・・・・　226

　　3　信頼関係を構築するには　・・・・・・・・・・・・・・・・・・・　227

　　4　良い仕事ができる人間関係　・・・・・・・・・・・・・・・・・　228

　　5　令和型の帰社日活用のすすめ　・・・・・・・・・・・・・・・　228

　　6　社員がつながる仕組み　・・・・・・・・・・・・・・・・・・・　230

　　7　家族参加型イベント　・・・・・・・・・・・・・・・・・・・・　231

　5　**会社理念の共有と個人のキャリア支援**　・・・・・・・・・・・・　**232**

　　1　エンジニアのキャリア支援　・・・・・・・・・・・・・・・・・　232

　　2　あるエンジニアが転職をやめた話　・・・・・・・・・・・・・　233

第10章　多様な働き方の実現と人材活用への取組みに向けて

　1　**リモートワーク**　・・・・・・・・・・・・・・・・・・・・・・・　**236**

　　1　作業の特性がリモートワークに適していること　・・・・・・・　237

　　2　適切な評価が可能であること（アウトプットが見えやすいこと）　・・・・・・・・・・・・・・・・・・・・・・・・・・・・　237

　　3　信頼関係が構築されていること及び社員の自主性が成熟していること　・・・・・・・・・・・・・・・・・・・・・・・・　238

　2　**副　業**　・・・・・・・・・・・・・・・・・・・・・・・・・・・　**240**

　　1　副業をめぐる世の中の動き　・・・・・・・・・・・・・・・・・　240

　　2　副業の３つのパターン　・・・・・・・・・・・・・・・・・・・　243

　　3　過重労働と労災　・・・・・・・・・・・・・・・・・・・・・・・　243

　　4　副業を認める場合のチェックポイント　・・・・・・・・・・・　244

　　5　副業の活用　・・・・・・・・・・・・・・・・・・・・・・・・・　244

　3　**外国人労働者の人材活用について**　・・・・・・・・・・・・・・　**246**

　　1　データで見る情報通信業における外国人労働者　・・・・・・・　246

　　2　外国人を雇用する際に確認すべきこと　・・・・・・・・・・・　247

3 ハローワークへの届出 ・・・・・・・・・・・・・・・・・・・・・・・・・・・・・ 250

4 外国人労働者の雇用管理 ・・・・・・・・・・・・・・・・・・・・・・・・・ 250

5 英語による労働条件通知、就業規則の作成 ・・・・・・・・・・ 251

6 文化の違いを理解する ・・・・・・・・・・・・・・・・・・・・・・・・・・ 255

第11章 作業員の問題行動への対応

1 従業員の問題行動への基本の対応 ・・・・・・・・・・・・・・・ **258**

1 話を聴く ・・・・・・・・・・・・・・・・・・・・・・・・・・・・・・・・・・・・・ 258

2 教育・指導を行う ・・・・・・・・・・・・・・・・・・・・・・・・・・・・・ 259

3 行動が改まらなければ懲戒処分を検討する ・・・・・・・・・・・ 259

4 雇用契約の解消（解雇・退職勧奨など）を検討する ・・・・・・・ 260

2 雇用契約解消の４つのパターン ・・・・・・・・・・・・・・・・・ **261**

1 解 雇 ・・・・・・・・・・・・・・・・・・・・・・・・・・・・・・・・・・・・・・・ 261

2 合意退職（会社からの申出による） ・・・・・・・・・・・・・・・・ 263

3 合意退職（従業員からの申出による） ・・・・・・・・・・・・・・ 264

4 辞 職 ・・・・・・・・・・・・・・・・・・・・・・・・・・・・・・・・・・・・・・・ 265

5 会社都合退職か自己都合退職か ・・・・・・・・・・・・・・・・・・・ 265

3 パワーハラスメント ・・・・・・・・・・・・・・・・・・・・・・・・・・・ **267**

1 パワハラの定義 ・・・・・・・・・・・・・・・・・・・・・・・・・・・・・・・ 268

2 パワハラの６類型 ・・・・・・・・・・・・・・・・・・・・・・・・・・・・・ 269

3 基本のパワハラ対策 ・・・・・・・・・・・・・・・・・・・・・・・・・・・ 271

4 協力会社との関係におけるパワハラ対策 ・・・・・・・・・・・・ 271

5 パワハラ対策の難しさとは ・・・・・・・・・・・・・・・・・・・・・・ 272

6 真のパワハラ対策とは ・・・・・・・・・・・・・・・・・・・・・・・・・ 273

4 就業規則で罰則を厳しくすれば労務トラブルは防げる
のか ・・ **275**

巻末資料

1 「労働者派遣事業と請負により行われる事業との区分に関する基準」（37号告示）に関する疑義応答集（抜粋） ……………………… 278

2 労働基準法研究会報告 労働基準法の「労働者」判断基準について（抜粋） …………………………… 288

第1章

ITエンジニアが所属する
情報システム開発業界の概要

1 ITエンジニアとは

　ITとは、Information Technology（情報技術）の略語です。かつて対面や紙で行われていた情報伝達は、技術の進歩により、スマートフォンをはじめ、パソコン、インターネットなどを使用したサービスや道具を介して行われることが格段に多くなりました。さらには、情報だけでなくすべてのモノがインターネットを通じて結び付くようになっています。もはや私たちの生活とITは切り離せません。

　それだけに一口に「IT」といっても、多くの業種や業界が入り混り、その範囲も使われる用語についても明確な定義がなく、会社や立場によってさまざまな使われ方がされているのが現状です。

　そこで本書では、ITを使用したシステムのことを「情報システム」、情報システム開発作業に携わる技術者のことを「ITエンジニア」と定義し話を進めていきます。

　情報システム開発には、他にもさまざまな役割を担う人が登場します。ボタン一つ押しただけで結果を入手できてしまう、だからこそ、その裏側でこれを実現するためにどのような人がどのような働き方をしているのかは非常にわかりにくく、問題が発生しやすいともいえます。したがって、働く人の環境を整えることが非常に重要になります。

2 ITエンジニアが関わる 情報システム開発業界の種類

　ITエンジニアが関わる情報システム開発業界は、いくつかに区分することができます。これらの区分によっても働き方や労務管理上の特徴が変わってきます。それでは概要について説明していきます。

① 受託開発ソフトウェア業界
　顧客からの要求にあわせてオーダーメイドのシステム開発を行います。古く伝統的な開発形態です。

② パッケージソフトウェア業界
　汎用的な製品として販売するソフトウェアを扱います。例えば、市販されている年賀状作成ソフトや給与計算ソフトなどが挙げられます。

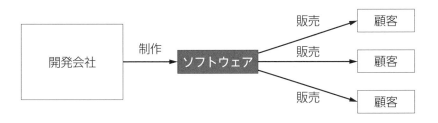

③ インターネットサービス業界

　インターネットを通じた情報やサービス提供を行います。例えば、インターネット・ショッピングサイト、クラウドサービス、ウェブコンテンツ提供、電子認証業などが挙げられます。私たちが普段利用している SNS やインターネットの検索サービスなどをイメージするとわかりやすいでしょう。

④ web 業界

　web サイト（インターネット上の複数の web ページの集まり）構築やインターネット上で動作する個人向けサービスの提供を行います。例えば、私たちが普段目にする企業や商品の web サイトの作成やスマートフォンのアプリなどが挙げられます。比較的若い経営者やエンジニアが多く、柔軟な働き方が好まれる傾向があります。

⑤ その他

　その他、社内で社内システムの構築や保守に関わる社内エンジニア、電子機器に組み込まれているシステムの開発に関わるエンジニアなど、業種を問わずに活躍しているエンジニアの存在も挙げられます。

　情報システム業界の定義には厳密な定義がなく、境界が曖昧な部分も多いです。特にインターネット業界、web 業界、IT 業界といった単語は人によって指すものが異なることもあります。

情報システム開発業界の特徴

　情報システム開発業界における事業収入割合等を詳しく見てみますと、「受託開発ソフトウェア」が60％と最も多いことがわかります。会社数の割合でも、「受託開発ソフトウェア」が56％と多くを占めています（**図表1-1**）。

◆図表1-1　情報サービス業とインターネット付随サービス業の事業収入と会社数の割合

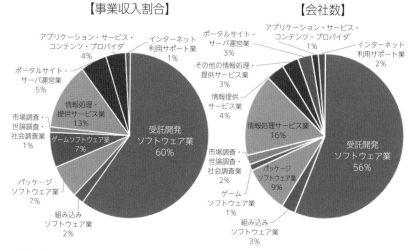

【事業収入割合】　　　　　　　　　　　【会社数】

出典：「2016年経済センサス活動調査（総務省統計局）」のデータを基に筆者作成

4 システム開発の流れ

　情報サービス業の中で最も多くの割合を占める「受託開発ソフトウェア業」においては、古くから独特の業界構造が存在しています。この構造が人の問題を扱う上で大きな課題を生む一因となってきました。ですから、ITエンジニアの労務管理を行う上ではまずはこの業界構造を理解しておくことが非常に重要になります。

1 伝統的大規模システム開発の流れと多重階層構造

　受託開発型のシステム開発においては、古くから多重階層構造に基づく開発が行われてきました。具体的には、まずはお客様から大手のITコンサルティング会社、コンピューターメーカー、大手SIer（後述）と呼ばれる企業群が直接業務の受注を受け（一次請）、プログラム作成に当たって中堅SIer、ソフトウェア会社等に再委託（二次請、三次請…）していくという形があります。

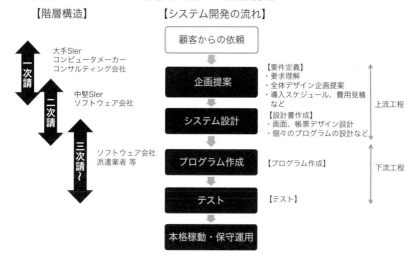

◆図表1-2　システム開発の流れと階層構造

【階層構造】

一次請　大手SIer
コンピュータメーカー
コンサルティング会社

二次請　中堅SIer
ソフトウェア会社

三次請〜　ソフトウェア会社
派遣業者 等

【システム開発の流れ】

顧客からの依頼
↓
企画提案
↓
システム設計
↓
プログラム作成
↓
テスト
↓
本格稼動・保守運用

【要件定義】
・要求理解
・全体デザイン企画提案
・導入スケジュール、費用見積
　など
【設計書作成】
・画面、帳票デザイン設計
・個々のプログラムの設計など

上流工程

【プログラム作成】

下流工程

【テスト】

　開発の流れにおいて、階層の上のほうにある工程のことを「上流工程」、下のほうにある工程を「下流工程」と呼ぶこともあります。

　なぜこのような階層構造が発生するかというと、システム開発のプロセスと技術の専門性に関係があります。

　代表的なシステム開発は、大まかに下記のような流れをとります。
「企画提案（要件定義）」
⇒「システム設計（設計書作成）」
⇒「プログラム作成」
⇒「テスト」
⇒「本格稼動・保守運用」

　家を建てることを例にとってみましょう。まず、どんな家に住みたいかをヒアリングし、どんな機能が必要なのかなどの条件をとりまとめていくのが「企画提案（要件定義）」、それを受けて、設計図を作成するのが、「システム設計（基本・詳細設計）」、そして、現場で家を建

てる作業を行うのが「プログラム作成」、出来上がった家が、最初の要求と合致しているか、間違いがないかをチェックするのが「テスト」というイメージです。

一口にシステム開発といっても、それぞれの工程では行う作業と必要となるスキルが異なります。顧客ビジネスを理解するスキル、スケジュールを管理するスキル、設計を行うスキル、データベースを構築するスキル、さらに使用するプログラム言語や技術の違いもあります。

受託開発型のシステム開発において、前述のような多重階層構造がとられてきたのは、これらの作業のすべてを1社で賄うことが現実的に困難だったからと考えられます。

ニーズに合わせたオーダーメイドのシステム開発といえば、従来は金額、システムそのもの共に非常に規模が大きく、作業人数、期間も大がかりなものであり、複数社での協力・分業体制をとって進める必要がありました。「下請」「元請」というと響きがあまりきれいではないかもしれませんが、システム開発における協力の仕組みともいえます。ですから、現場では、「下請」とは呼ばずに、「協力会社」「BP（ビジネスパートナー）」という言い方をすることもあります。

このような構造の中で、さまざまな契約のもとに会社間でITエンジニアのやりとりが行われます。作業に当たって、多くの場合、ITエンジニアたちは発注元の会社から指定される場所に常駐して作業することとなります。なぜなら、作成する機能についての綿密な打ち合わせが必要なことや機材やセキュリティの問題があるため、特定の部屋、特定の場所で作業しなければならないことがあるからです。また、常駐では、技術者一人で常駐する場合と数名のチームで常駐する場合があり、プロジェクトによっては、開発工程の一部を引き取って自社で作業を行うこともあります。

なお、この開発全般の流れすべてを請け負うことをSI（System Integration の略）と呼び、SIを実行する業者のことをSIer（エスアイアー、エスアイヤー）と呼びます（SIに-er（～する人、の接尾辞）を

つけた造語）。

2 多重階層構造による開発の労務管理上の問題点

　では、この多重階層構造がなぜ労務管理上の問題をもたらしてきたのでしょうか？　理由は大きく分けて３つです。１つ目は、賃金の中間搾取の問題、２つ目は、人のやりとりの契約形態に関する偽装請負・二重派遣の問題、３つ目は、実際の作業指示者と労務管理上の責任者が異なることによって生じる長時間労働・メンタルヘルスケア等の問題です。

① 賃金の中間搾取の問題

　当然のことながら、一次請企業が案件を発注してから、二次請企業に発注する際は、最初の受注額より自社マージンを引いた額で発注するため、二次請企業における賃金水準は一次請企業よりも下がります。その先、二次、三次と階層が深くなるほど給与水準が下がっていきます。また、人月商売（※）と呼ばれる契約形態によって、エンジニア本人への賃金不払いが生まれやすい構造となってしまっています（詳細は後述115ページを参照）。

※　システム開発の作業工数見積は、１人１か月の作業量の単位を「１人月」と呼び、５人で１か月あれば完成させられる場合は５人月、５人で２か月であれば10人月というような単位で表されます。さらに、スキルや作業の難易度によって、１人月80万円、100万円というように値段がつけられてエンジニアがやりとりされます。人月単位で契約単価を定めることそのものには問題がありませんが、労働者への賃金支払についても、人月単価の考え方に合わせて労働時間に関わらず固定にしてしまう例が見受けられます。

② 偽装請負・二重派遣の問題

　開発作業においては、プロジェクトに関わるメンバーは綿密にやり

とりを行いながら進める必要がありますが、メンバーが複数の企業から参加しているため、作業の指揮命令関係が曖昧になりがちです。本来であれば、派遣契約以外は、客先担当者から発注先のエンジニアに直接業務の指揮命令を行うことはできないにもかかわらず、直接の業務指示が行われてしまったり、二重派遣、偽装請負等の問題が発生したり、といったコンプライアンス上の問題が発生しやすくなります（詳細は後述36ページ参照）。

③ 実際の作業指示者と労務管理上の責任者が異なることによって生じる長時間労働・メンタルヘルスケア等の問題

　多重階層構造におけるシステム開発の難しさの一つは、上流工程の企業に属するエンジニアが立てた仕様（システムで実現させる機能やその性能、特性、満たすべき要件など）やスケジュールに従って、下流工程の企業の属するエンジニアが作業を行うというところです。

　開発の過程では、途中での仕様変更やトラブルが発生することがあります。また、最初に立てたスケジュールの見積もりが必ずしも正しくない場合もあります。これはある程度は仕方のないことですが、そういったトラブルが発生した場合に全体のスケジュールをその分遅らせることができるかといえば、そうとは限りません。システムの内容にもよりますが、納期は変更されないまま、というようなことがあります。

　このような場合は結局、現場のエンジニアの企業の長時間労働によって対応せざるをえなくなってしまいます。システムの規模が大きくなればなるほど、階層が深くなればなるほど、当初スケジュールと現実のずれが大きくなりやすいため、この傾向は顕著になります。

　しかし、このような状況でも上位層の会社は、発注先である協力会社のエンジニアへの労務管理上の責任がありません。すなわち、自分の会社の労働者であれば、労働法の適用の範囲内で作業を行わせる必

要がありますが、協力会社のエンジニアであれば、そういった考慮を行う必要がないということです。このため、長時間労働やメンタルヘルス不調等の発生に歯止めがかからなくなってしまいがちです。

　もちろん、悪意があって協力会社のエンジニアを酷使したいわけではないとしても、自社の社員でない分、気付きが遅れてしまうことは避けようもありません。

③　今後のシステム開発の流れと動向
～DXとシステム開発形態の激変と労働環境の変化～

　ここまで、伝統的なシステム開発形態と労務管理に与える影響について説明してきましたが、デジタル技術の発展や産業構造の変革によって、最新のテクノロジーを牽引する情報システム業界の構造は激変期にあり、労務管理上の問題を引き起こしてきた大規模システム開発の構造にも変化が見られつつあります。さらに「デジタルトランスフォーメーション（DX）」の推進と共にこの10年で様変わりしていくと想定されます。

①　デジタルトランスフォーメーション（DX）と2025年の崖

　デジタルトランスフォーメーション（以下「DX」という）の定義についての詳細は本書では触れませんが、大まかな意味としては「データや進化したデジタル技術を活用して、既存の製品、サービス、ビジネスモデルを変革し、私たちの生活や社会の価値観や枠組みにイノベーションを起こしていくこと」と捉えていただければよいかと思います。

　企業は、新しいデジタル技術を活用することによって新しい価値を創造していくことが求められており、経済産業省からもDX推進のためのガイドラインが出されています。しかし、既存のITシステムで

はDXの推進の大きな障害となるとして、これを刷新し、クラウドの活用や新しい開発形態での開発を進めることが強く要求されています。

　既存システムがDX推進の障害となる理由は次のようなものです。

・既存システムが老朽化、ブラックボックス化しており、維持管理に多くの予算が割かれてしまうこと

・老朽化したシステムの内容を知る人材の高齢化により保守要員が不足し、技術継承はもちろん維持することが困難になっていること

・先端技術を担うべき貴重なIT人材資源が老朽化システム維持のために浪費され、本来の未来へのデジタル技術の活用に投資できないこと

などです。

　このままではDXを実現できないだけでなく、2025年以降最大12兆円/年の経済損失が発生する見込みがある（2025年の崖）として、システム開発業界に対しては、国レベルでシステム刷新や開発のあり方に対して変革が求められている状況です。

② 大規模受託開発の縮小とクラウドアプリケーションの活用

　これまでにも新規システム導入を検討する際には、費用も時間もかかる自社用の独自システムを構築するのではなく、クラウドアプリケーションの活用に置き換える流れが進んできました。開発のやり方については、19ページのような「要件定義⇒設計⇒プログラム」と段階ごとに進める従来の方式でなく、要件を事前に固めずトライアル・アンド・エラーを繰り返しながら小規模単位での開発を進めていく形式（アジャイル型開発など）への転換が提唱されつつあります。

　したがって、これまでのような開発のやり方では、ビジネス発展のスピードに付いていけません。これらの従来からの変化に加え、DXの推進が進めば、従来のような大規模な受託ソフトウェアの開発は減

少し、クラウドを活用したアプリケーション提供型への転換がさらに加速していくことでしょう。

③　今後の人事労務管理に求められること

システム開発業界の産業構造が変われば、働く人の環境が変わり、抱える問題も変化していきます。大規模受託開発が縮小すれば、多重階層によるシステム開発が引き起こしてきた労務管理上の問題は減ります。

その一方、エンジニアに求められるスキルや役割も変化し、働き方においても他の業界に先駆けた最先端の問題が生まれてくるでしょう。また、従来のようにシステム開発を外部に委託するのではなく、社内のIT人材の育成、活用が進んでいくことも考えられます。

急速な変化に、労務管理に関する法制度も目まぐるしく変わっているところではありますが、法改正のほうが追い付かない事態も発生しています。しかし、だからといってルールを置き去りにしてよいということではなく、変化の激しい今だからこそ基本の法制度を熟知して、柔軟な労働、変化に応じてルールを「使いこなし」つつ「働きやすい環境を創造していく」ことがますます必要となります。過渡期であるからこそ、ビジネスモデルの変化と現行法、法改正に留意しながら、エンジニアの働く環境をサポートしていくことが必要となっていくでしょう。

4　システム開発に携わる職種と特徴

システム開発に携わる職種の例としては、次のようなものが挙げられます。

①　ITコンサルタント

顧客との直接交渉を行い、システム全体の企画調整等を行います。

②　プロジェクトマネージャー（PM)

　プロジェクト全体の責任を持つものとして、全体統括、マネジメントを行います。顧客折衝、予算管理、スケジュール管理、プロジェクトの編成、協力会社の選定、要員管理などを行います。経営的な視点や予算、人員に関する知識、判断力や決断力、柔軟性、説得力等が必要になります。いわゆる部長、課長のイメージです。

③　プロジェクトリーダー（PL)

　プロジェクト遂行の具体的計画を立案したりプロジェクトメンバーの指示・管理などを行ったりします。プログラムの作成経験がある人とは限らず、技術力よりはむしろプロジェクト遂行能力、プロジェクトメンバーに対するリーダーシップや行動力が必要とされます。技術に興味があってシステム開発業界に入ったのに、人の管理ばかりで技術に関することに全く触れられないといったジレンマを抱える人も発生します。

④　システムエンジニア（SE)

　技術力をベースとした具体的なシステム設計、設計書の作成等を行います。主に上流工程の作業に関わり、現場作業のリーダーとなってプログラマーに指示を出したりします。

⑤　プログラマー（PG)

　システムエンジニアが作成した設計に沿って、実際にプログラムの作成を行います。下請、外注として、偽装請負、二重派遣といった問題にさらされやすい層でもあります(36ページ参照)。数か月単位でプロジェクトを渡り歩くのが常態となってしまうこともあり、人間関係を築きにくい、将来に向かってのキャリアビジョンが描きにくいという問題も発生しがちです。一方で、対人関係は好まないけれど、ものづくりが好きな職人気質といった面を持っている人もいます。

⑥　営　業

　情報システム開発における営業は、システムの受注のみならず、「人の手配」も行っているケースが多くみられます。大規模開発案件においては、開発作業を1社で行うことは難しく、外注スタッフなどの要員が必要になります。そのため、自社の開発スキルを把握するだけでなく、人材を調達するスキルも求められることがあります。

⑦　社内 SE

　自社内のシステム構築・保守・運用を行うエンジニアです。

　しかしながら、これらはあくまで各役割を便宜的に区分した一例であり、すべての会社で当てはまるとはいえません。会社やプロジェクト規模によってはそれぞれの役割をまとめて一人で行うケースなどもあり、実際の線引きは非常に曖昧ともいえます。

　今後 DX が進めば求められるスキルは変化し、役割に限定されずに活躍できる人材がますます求められていくでしょう。

◆図表1-3　開発体制イメージ図

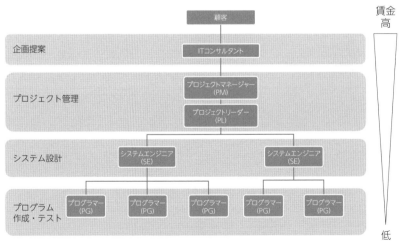

第2章

IT エンジニアを取り巻く
契約形態

システム開発における契約形態

会社間での人のやりとりに関する基本の契約形態

　先に述べましたように、システム開発に当たっては、複数の会社や人がプロジェクトに参入して開発を進めていきます。この際に、労働力や技術力の提供を行う上では会社と個人の間で契約が締結されます。代表的なものは次の4つです。

---

① 雇用契約

② 請負契約

③ 準委任契約（SES、システムエンジニアリングサービス契約）

④ 派遣契約

※ 請負契約と準委任契約を区別せず、「業務委託契約」と呼ぶことがあります。以降、本書においても2つを合わせて「業務委託契約」と表記することがあります

　これらの契約は性質が異なるものです。しかし、現場では混同されがちです。誤った運用は重大な法令違反につながります。特にSES（システムエンジニアリングサービス）に関しては、法律上の定義ではなく、曖昧な理解のまま使われてしまう例が見られます。それぞれの契約の特徴について、大まかに分けると次のようになります。

形態	指揮命令権者	提供するもの
雇用契約	雇用主	労働力
請負契約	受注者	完成物
準委任契約	受注者	技術力（完成物）（※）
派遣契約	派遣先	労働力

※ 2020年4月1日以降は準委任契約においても完成物を求めることが可能となりますが、詳細は本書では省略します。

いずれの形態も「指揮命令関係」がどこにあるのか、が判断する上での大きなポイントとなります。

●指揮命令関係とは

非常に大まかに言えば、「仕事の依頼や命令に対して拒否権があるかないか」と考えるとわかりやすいでしょう。例えば「この仕事をやりなさい」と言われたときに、誰の指示に従わなければならないのか、「No」と言う権利がある関係かどうかということです。

それぞれの契約形態について、詳細を順にご説明しましょう。

①　雇用契約（民法第623条）

◆指揮命令関係：事業主─労働者

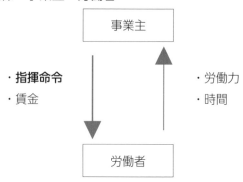

　「雇用契約」とは、通常の会社における事業主と労働者の関係のことをいいます。労働者は事業主の指揮命令に従って業務を行い、その対価として賃金を受け取ります。労働者は事業主に「労働力」と「時間」を差し出します。

　労働者は、事業主の定めるルール（就業規則）に従い、働く場所、時間、業務内容等について、事業主の指揮命令に従って働くこととなります。だからこそ、事業主の命令が行き過ぎないよう、労働者は、労働基準法、最低賃金法、労働安全衛生法、労働契約法、労働者災害補償保険法、雇用保険法、健康保険法、厚生年金保険法などの労働関連法令の保護を受けることとなります。

　これは事業主から見れば、労働時間管理、残業代支給、社会保険加入、労災、その他において法律で定められたルールにのっとった労務管理を行う必要があるということです。

② 請負契約（民法第632条）

◆指揮命令関係：受注者─労働者

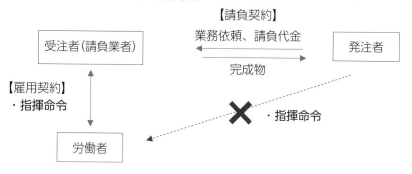

　「請負契約」とは、仕事の完成を約束し、「出来上がったもの」に対して報酬が発生するものです。システム開発の現場でいえば、原則としてシステムを完成させて納品したところで報酬が発生するということになります（※）。完成させるまでの業務のやり方については、請負業者に任せる必要があり、発注者は請負業者が雇用する労働者に直接指揮命令を行うことはできません。

　しかし、システム開発において客先に常駐して作業を行う場合は、客先つまり発注元会社の担当者が作業者に直接指示命令を出してしまうことがあり、問題が生じやすい状況といえます。

※　2020年4月、改正民法施行により、完成前であっても、途中まで作成されたものが発注者の利益になる場合は、報酬請求が可能な場合もあります。

③ 準委任契約（民法第643条、第656条）
（システムエンジニアリングサービス（SES）契約）

◆指揮命令関係：受注者—労働者

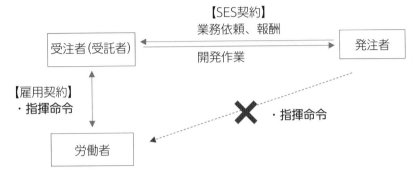

「準委任契約」とは、一般的には「ある行為・作業を行うこと」を契約内容とするものです。仕事や物を完成することまでは求められていません。ですから、基本的には仕事が完成されなくても報酬が発生することになります。

※　2020年4月の改正民法施行により、準委任契約でも成果物を求めることが可能になります。

システム開発において締結される「システムエンジニアリングサービス契約」（以降、「SES」と呼びます）は、この準委任契約の一種と考えるとわかりやすいでしょう。

SESでは開発作業そのものを委託し、一定期間や工数を定めて作業を依頼します。単価はエンジニアの能力によって変動します。

例えば、代表的な定め方としては次のようなものがあります。

単価：80万円/月
清算時間：140時間〜180時間（140時間を下回る場合は減額、180時間を
　　超える場合は追加支払）

これは、月の基本報酬が80万円、基本報酬に含まれる作業時間は月に140〜180時間までで、それを下回る場合は基本報酬から減額、上回る場合は追加料金が発生するというものです。

SES契約としてなじみがよいのは、成果として納品物が発生しないシステムコンサルティングや既存システムの保守サービスなどです。しかし、その他の作業においても、請負契約は仕事が完成しないと報酬が発生しないことなどから、受注側に負担が大きいため、請負契約を避けSES契約が好まれるという傾向もあります。

SES契約は法律に定められた契約形態ではありませんので、契約内容によっては、当事者同士の合意によって、実態として請負と準委任契約の要素が混合されている場合もあります。ですから、契約書のタイトルだけでなく、契約ごとに内容を確認することが必要です。

④ 派遣契約（労働者派遣法）

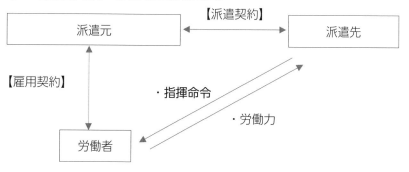

「派遣契約」とは、自社で雇用する労働者を他社に派遣し、他社の担当者の指揮命令下で他社の業務を行わせるものです。雇用主（給料を払ってくれる人）と作業指示を行う人が別となっているため、何かあった場合に労働者の保護が難しくなります。このため、労働者派遣法が制定されており、その定めに従って運用を行う必要があります。

一般的な派遣料金については時給で設定されることが多いのに対

し、システム開発においては、SES と同様、ひと月いくらという人月単価で設定されることもあります。

　なお、労働者派遣を行うには厚生労働大臣の許可が必要となります。

2　問題となる労務管理の形態（労働者供給、偽装請負、二重派遣）

①　労働者供給

　何らかの形で自己の管理下にある労働者を他人の指揮命令下で働かせるというものです。労働者供給については、労働組合等が厚生労働大臣の許可を受けて無料で行う場合及び労働者派遣法により特例的に認められている場合以外は禁止されています（職業安定法第44条）。

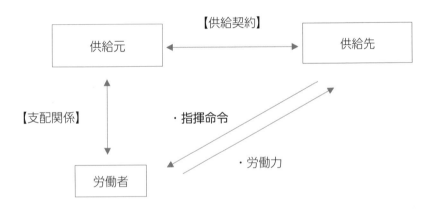

　有料の労働者供給が認められていないのは、歴史的に、業者による行き過ぎた中間搾取や労働者の不当な拘束などが問題とされてきた背景があるからです。

② 偽装請負

　契約書の名称が「請負」「業務委託」等であっても、発注者（現場）の担当者が作業者に直接の業務指示等を行っている場合は、実態としては「派遣」に該当することとなり「偽装請負」として違法となります。

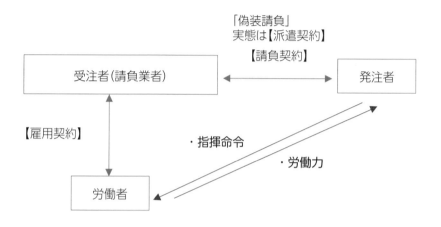

③ 二重派遣

　労働者を派遣元会社から派遣先Aに派遣し、派遣先Aからさらに別の派遣先Bに派遣し、派遣先Bの指揮命令を受けて就業させることは「二重派遣」として違法となります。

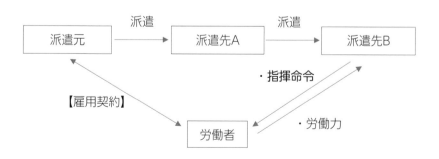

二重派遣を避けるために、契約名称を派遣でなく業務委託として委託先から別の委託先に労働者を紹介し、再委託先の指揮命令に従って就業させるケースがありますが、これも雇用関係のない者からの指揮命令に従って業務を行わせていることになりますので、違法行為となります。

④　労働者供給、偽装請負、二重派遣の何がいけないのか？

　一言で言えば、労働者が保護されず、著しく過酷な環境下での労働を強いられることとなってしまう危険が高いからです。問題となる契約においては、雇用主と業務の指揮命令を行う労働者との関係に歪みがあります。

　事業主と労働者は、労働者が事業主の命令に従い労働することによって賃金が支払われるという関係です。労働者はどこで、どんな作業を、何時から何時まで行うのか、休日勤務や残業等について事業主の指示に従う必要があり、基本的には拒否権がありません。だからこそ、労働者を雇う場合には、1日何時間まで働かせてよいのか、休憩時間はどのように取らせるべきなのか、業務中に災害が起きた場合の補償、公的社会保険制度等、労働者を雇用するのであれば事業主として行うべき義務についてさまざまな法律で規定されているのです。

　派遣契約においても、雇用主と業務の指揮命令者が異なるからこそ、労働者派遣法において独自のルールが設けられています。偽装請負や二重派遣が違法とされるのは、これらの本来労働者に対して事業主が果たすべき義務を放棄し、労働力だけを都合よく使うということが可能になってしまうからです。

Case 1：偽装請負

　金曜日の夕方、臨時の仕様変更の依頼があったとして、Aさんは、常駐先の担当者から月曜までにプログラムの機能修正を行うよう命じられました。このため、金曜日は終電間際まで作業、そして土日も作業をしなければならなくなりました。このような常駐先担当者からの突然の仕様変更や残業指示は恒常的に行われており、月間100時間を超える時間外労働が数か月続きました。Aさんは複数の案件を抱えていたため、常駐先のそれぞれの担当者は、自分のプロジェクトにおけるAさんの稼動状況は知っていても、Aさんが合計で100時間を超える時間外労働を長期にわたって行っていることに気が付きませんでした。

　常駐先では、セキュリティ上の問題から、作業スペースへの携帯電話は持ち込み禁止、インターネットへの接続も禁止されている状態であり、自社の人事への連絡もままならない状況でした。

　ついに体調を崩してしまったAさんは、生産性が低いとして要員変更を求められ、プロジェクトから離脱することとなりました。受注元会社からは別の作業者が配置され、何事もなかったかのようにプロジェクトは継続されました。体調を崩してしまったAさんについて、常駐先がケアを行うことも責任を負うこともありませんでした。

　このように、偽装請負においては、作業者の状況に対してのケアが行き届かなくなる、問題が発生しても責任の所在が曖昧になるという問題が発生します。

Case 2：二重派遣

　派遣会社に登録したAさんは、ある派遣先B社を紹介されました。しばらくはB社で就業していたのですが、数か月経った頃、派遣先担当者から呼び出され、別のプロジェクトで要員が足りないため、異動するよう指示されました。プロジェクト異動に当たっては、今までの技術経歴を記したスキルシートの提出を求められ、B社の名前が記載された

Aさん用の名刺が用意されました。就業場所はB社の協力会社であるC社です。B社の営業担当者に連れられC社での面談を経て、C社で就業することになりました。

　C社では「この人の指示に従って」と中年の男性の指示に従うよう命じられました。挨拶を済ませると、その男性はAさんに聞きました。「きみ、どこの会社の人なの？　本当はB社の人じゃないんだよね？　ぼくもC社の人間じゃなくて、他の会社の人間なんだけどね」

　C社に移ってから、Aさんの就業環境は一変しました。当初Aさんは「残業が少ない会社」を条件として派遣元会社に紹介を依頼していました。当初の派遣先であるB社ではその希望を伝え、その条件の下に就業していましたが、C社にとっては関係ありません。C社で就業するようになってからは、長時間に及ぶ残業を命じられることが続きました。勤務地が遠くなったため通勤時間も長くなり、当初希望していたのとはとても程遠い働き方となってしまいました。相談したくても業務指示を行っている中年の男性もC社の指示で動く外部パートナーの立場ですから大したことはできませんし、B社の担当者に相談してものらりくらり。

　数か月して、Aさんは派遣で就業することをやめました。

　二重派遣では、労務管理に関する責任の所在が曖昧になり、労働者にしわ寄せが行ってしまうことになりがちです。また、二重派遣の過程において、階層を重ねるごとに中間業者にマージンが発生するため、最終的に労働者が受け取る賃金が少なくなってしまうという問題があります。

　これらの例は一例ですが、偽装請負や二重派遣においては労務管理上の責任の所在が曖昧になりやすく、労働者が劣悪な環境で酷使されることになりやすいという問題があります。だからこそ、違法なものとして禁止されているのです。

3 派遣、業務委託の切り分け

　基本的な契約形態についてはここまでに述べたとおりですが、開発の現場では、これらの切り分けを行うのは困難なものです。

　派遣と請負の区別については「労働者派遣事業と請負により行われる事業との区分に関する基準」（厚生労働省告示）にて、請負に該当する基準が次のように挙げられています。これらを参考に自社の取引状況に当てはめてみるとよいでしょう。

自社で雇用する労働者に直接作業を行わせること。その際に下記のいずれについても自社で責任を持って行うこと	
1.	業務遂行に関すること ・業務の遂行方法に関する指示その他の管理 ・業務遂行に関する評価その他の管理
2.	労働時間の管理に関する指示及び管理 ・始業終業時刻、休憩時間、休日、休暇の指示その他の管理 ・時間外労働や休日出勤の指示及び管理
3.	社内秩序維持に関する指示及び管理 ・労働者の服務上の規律に関する指示その他の管理 ・従業員の配置決定及び変更
請負契約によって請け負った業務を自社の業務として、発注元会社から独立して処理を行っていること。その際に次のいずれにも該当すること	
1.	業務に要する資金について、自らの責任の下に調達し、かつ費用を負担すること
2.	業務の処理について、民法、商法その他の法律に規定された事業主としてのすべての責任を負うこと
3.	単に肉体的な労働力を提供するものでないこと ・自社で用意した機械や設備、資材等を使用して業務を処理すること ・自社の企画、専門的な技術、経験に基づいて業務を行うこと

4 業務委託契約における適正な労務管理のために行うべきこと

　システム開発においては、仕様の作成、設計、具体的な製造作業において、詳細仕様の確認、新技術の開発などのために発注者と受注者が打ち合わせを繰り返しながら進める必要があります。また、突発的なトラブルに際しては、協力し合ってその場で対応しなければならないこともあり、契約からプロジェクト終了まで作業をただ一任することが難しいという特性があります。

　また、作業の性質及びセキュリティ上の問題から、作業場所や時間について発注者の指示に従わなければならないこともあります。

　こういった状況から、業務遂行及び物理的な作業場所の両面において、業務の指揮命令関係が非常に混乱しやすい状況といえます。

　では、これらの事情の中で適正な業務委託契約としての業務を行うためには、どのようなことに気を付けたらよいのでしょうか。

① 体制の構築

　受注会社側では管理責任者を指定し、発注者との仕様調整は管理責任者が窓口となって行うこと、そして作業者への指示も受注会社の管理責任者が行うという基本の体制を構築することが必要です。システム開発においてはこの管理責任者がプロジェクトマネージャー、プロジェクトリーダーに該当することも多いでしょう。

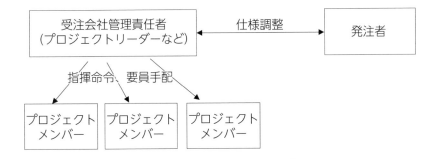

　スケジュールの遅れやトラブル発生の場合は、発注者は受注会社の管理責任者と調整を行い、受注会社の管理責任者が残業指示や追加の要員配置等、プロジェクトメンバーへの具体的な指示を行います。要員配置についても受注会社に任せる必要があります。

　発注者がプロジェクトメンバーの履歴書を求めたり事前面接を行ったりすることは、発注者が請負労働者の配置決定に及び変更に関与することになるので注意が必要です。

　なお、客先での作業においては、チームではなく一人で常駐することもあります。このような場合は、別途管理責任者を設け、別の場所からでも管理責任者から当該作業者に指示を行う必要があります。常駐者が管理責任者を兼務して、発注者から直接指示を受けながら作業することは偽装請負と判断されることになります。

◆「労働者派遣事業と請負により行われる事業との区分に関する基準」（37号告示）に関する疑義応答集より抜粋

> Q
> 　請負事業主の管理責任者が作業者を兼任する場合、管理責任者が不在になる場合も発生しますが、請負業務として問題がありますか。
> A
> 　（中略）請負作業場に、作業者が1人しかいない場合で当該作業者が管理責任者を兼務している場合、実態的には発注者から管理責任者へ

の注文が、発注者から請負労働者への指揮命令となることから、偽装請負と判断されることになります。

②　営業、現場担当者への教育

　体制構築とともに、労働法や契約関係についての現場担当者への教育が重要です。

　通常の雇用であれば、会社の人事担当者が募集採用を行い、入社後も一定の知識を持った担当者が労務管理を行います（必ずしもそうでない場合もありますが）。しかし、システム開発における人のやりとりは現場の営業や技術担当者の間で行われます。ですから、営業や技術担当者自身が労働法や契約関係に関する知識を持っている必要があります。

　契約そのものは人事部や法務部に任せるような体制を構築しているような場合でも、実際に協力会社とのパートナーシップを築き、共に業務を行っているのは現場にいる営業やエンジニアです。営業が協力会社との契約交渉時に適法性/違法性を判断し、交渉できるようになっていること、現場で指示を出すリーダーが一緒に業務を行っている協力会社の技術者がどんな契約で来ており、業務依頼は誰にどこまで行ってよいのか、これらを理解して業務を行うことができるようになることが必要です。

③　それでも難しい派遣と業務委託の判断
　～労働者派遣と請負の区分に関する疑義応答～

　労働者派遣や業務委託の区分について、判断が難しい場合は、「労働者派遣事業と請負により行われる事業との区分に関する基準」の疑義応答として、具体的な事例に基づく見解が示されていますので参考にするとよいでしょう（巻末資料278ページ以降を参照）。

◆「労働者派遣事業と請負により行われる事業との区分に関する基準」（37号告示）に関する疑義応答集より抜粋

■作業工程の指示

Q

　発注者が請負業務の作業工程に関して、仕事の順序の指示を行ったり、請負労働者の配置の決定を行ったりしてもいいですか。また、発注者が直接請負労働者に指示を行わないのですが、発注者が作成した作業指示書を請負事業主に渡してそのとおりに作業を行わせてもいいですか。

A

　適切な請負と判断されるためには、業務の遂行に関する指示その他の管理を請負事業主が自ら行っていること、請け負った業務を自己の業務として独立して相手方から独立して処理することなどが必要です。

　したがって、発注者が請負業務の作業工程に関して、仕事の順序・方法等の指示を行ったり、請負労働者の配置、請負労働者一人ひとりへの仕事の割付等を決定したりすることは、請負事業主が自ら業務の遂行に関する指示その他の管理を行っていないので、偽装請負と判断されることになります。

■請負事業主の就業規則・服務規律

Q

　請負業務の実施に当たり、発注者側の作業効率化や施設管理の必要上、発注者の就業時間・休日、服務規律、安全衛生規律と同等の内容で、請負事業主が自己の労働者を指揮命令することは、請負業務として問題がありますか。

A

　請負業務では、請負事業主は自己の就業規則、服務規律等に基づき、労働者を指揮命令して業務を遂行する必要があります。

　ただし、例えば、請負事業主の業務の効率化、各種法令等による施設管理や安全衛生管理の必要性等合理的な理由がある場合に、結果的に発注者と同様の就業時間・休日、服務規律、安全衛生規律等となったとしても、それのみをもって直ちに労働者派遣事業と判断されることはありません。

5 SES が問題になりやすいのはなぜか

　SES は、しばしば「ブラック」などとして問題とされることがあります。それはなぜなのでしょうか。

　大きな要因の一つとして、SES が偽装請負や二重派遣の温床になりやすいということが挙げられるでしょう。開発現場においてはただでさえ指揮命令関係が混乱しやすい関係があるところに、契約名称が「請負」でもなく「準委任」でもなく「派遣」でもない「SES」という業界独自の名称で語られることによって、契約の内容がわかりにくくなってしまっている現状があります。

　労働者派遣事業許可を持っていない会社が人材を求められた際に、労働者派遣事業許可はなくても「SES であれば大丈夫」と誤解してしまっていることもあります。このような状態でプロジェクト単位でやりとりされるエンジニアは、劣悪な労働環境に追い込まれたとしても、適切な保護を受けることができなくなってしまいます。

　コンプライアンス意識の高い発注元からは、このような問題を避けるために明示的に派遣での就業を求められるケースがありますが、派遣に関する法令は年々厳しくなっており、労働者派遣事業許可を取得する体力のない会社にとっては厳しい状況となっています。

　だからと言って、SES を否定するつもりはありませんし、すべての企業にこのような問題があるわけではありません。自社の労働者に十分な教育を行い、適切な労務管理の下にビジネスパートナーとして質の高いサービスを提供している企業もあります。

　SES には利点もあります。SES であれば、中小企業やスタートアップの企業では通常なかなか参画できないような大規模案件に参画することも可能になります。そこで大きなプロジェクトの遂行方法や技術を学んでスキルアップすることも可能です。また、システム開発の特性から考えても、複数の会社が協力し合ってプロジェクトを進めていくことは必須ともいえます。

ですから、法律に定められた制度、労務管理について正しく理解して、発注側企業、受注側企業、そこで働くエンジニア、すべてにとっての利益につながるよう、正しいSESの運用を行っていくことが必要なのではないでしょうか。

2　フリーランス（個人事業主）との契約

1　フリーランスの契約形態

　開発の現場には、会社に属している人だけでなく、フリーランス（個人事業主）として開発に参入しているエンジニアもいます。これらの個人のエンジニアの契約に当たっては、「コンサルティング契約」「業務委託契約」といったタイトルで締結されているものが見られます。

　しかし、会社間契約における偽装請負の問題と同様、その人が実態として「労働者」として労働法にのっとった労務管理が必要とされる立場の人なのか、個人で業務を請け負う者として、本来の意味での「個人事業主」なのかを判断する必要があります。

2　フリーランスとの契約が好まれる背景

　企業側から「雇用」ではなく個人事業主との「業務委託」の契約にしたい、という問い合わせを受けることがあります。業務委託にしたいという企業からは次のような要望が挙げられます。

　・残業代を払わないで済むようにしたい
　・時間ではなく成果によって報酬を払いたい
　・社会保険料を削減したい
　・流動的な人のやりとりを可能にしたい（解雇制限がかからない）
　・教育コストをかけられない
　など

システム開発の工程においては、プロジェクトごとに、または開発工程ごとに一時的に技術者が必要になることがあります。また、突発的なトラブル対応など予測できない深夜・長時間作業に対応しなければならないこともあります。労働者として人を「雇用」してしまうと、労働基準法の制限を受けることとなります。すなわち、労働時間には制限が発生しますし（75ページ参照）、残業代も大きくなりがちです。解雇にも制限が生まれるため、プロジェクトが終了してもその人員の雇用を継続しなければならないことになります。

しかし、業務委託契約であればこれらの制限がかからなくなります。派遣契約であれば流動的な人材確保が可能にはなりますが、時給単価に派遣会社へのマージンが含まれるため、コストが上がります。

エンジニアからの声としては、雇用契約の場合、労働法による保護を受けることは可能になりますが、働き方については会社の指示に従わなければならないという制限を受けることになり、「自由な働き方」を望む場合には、雇用でなく個人事業主としての契約を自ら希望することもあります。また、派遣契約においては、技術者本人にとっても手取りが減るため、企業との直接契約を望むことがあります。

3 フリーランスと労働者の判断基準

しかし、本来労働者として保護を受けるべき人なのか、業務委託契約なのかについては、当事者同士の希望や合意にかかわらず、実態として「労働者性があるかないか」によって判断されることになります。

一番簡単な判断基準は、「その業務指示に対して、拒否権はありますか？」ということです。具体的な判断基準としては、「労働基準法研究会報告　労働基準法の「労働者」の判断基準について（昭和60年12月19日）」（厚生労働省、旧労働省）の中で、次ページような判断基準が示されています（巻末資料288ページ以降参照）。

1	仕事の依頼、業務従事の指示等に対する諾否の自由の有無 ⇒依頼された業務にNOといえるかどうか
2	業務遂行上の指揮監督の有無 ⇒業務の内容や進め方について具体的指示を受けており、従わなければならない状況かどうか ⇒契約内容以外の雑用等の業務を命じられるかどうか
3	拘束性の有無 ⇒勤務場所及び勤務時間が指定され、管理されているかどうか。 　（ただし、業務の性質上必然的に勤務場所及び勤務時間が指定される場合があるため慎重な判断が必要）
4	代替性の有無 ⇒本人に代わって他の人に作業を依頼することが可能であるか、補助者を使用することが認められているかどうか
5	時間を基準として支払われている場合は労働者性を強めるものになる ⇒時間単位で報酬が設定されている場合や、欠勤した場合にその分減額されることや、いわゆる残業をした場合に別途手当が支給されるような運用になっている場合には、指揮監督下で一定時間労務を提供するものとして労働者性を強める要素になる

　その他、作業に使用する機器が自己の負担であるか、会社から提供されているか、実態として他社での就業が制限されるものかどうか、給与所得として所得税の源泉徴収の処理が行われているかどうか、就業規則が適用されているかどうかなどの要素についてもあわせて、総合的に判断されることになります。

4　フリーランスとの契約の問題点

　偽装請負の問題は個人事業主との契約においても同様です。契約名称が「業務委託」や「コンサルティング」等であるかにかかわらず、実態として労働者性が認められるのであれば「偽装フリーランス」に

なってしまいます。

　会社間の業務委託であれば、万が一の場合でも、労働者は雇用元の会社に保護されるという考え方もできるでしょう。しかし、フリーランスは誰からも何の保護もされない立場です。業務命令を拒否したら次の仕事をもらえなくなるのでは、という恐れから、発注元会社の要求の言いなりにならざるをえないこともあります。本来は独立したプロの技術者として業務遂行の裁量権を持ち、嫌な仕事は断る権利を持つ立場であるはずが、いつの間にか大企業の人件費削減の手段として劣悪な環境で使い捨てにされてしまうことは避けなければなりません。

　また、フリーランス本人が「業務委託契約」であることを認識していないことによるトラブルも発生しています。契約終了後、「残業代が支払われていない」として労働基準監督署に相談に訪れるケースもあります。契約時に雇用契約でなく業務委託契約であることを明らかにし、説明及び合意形成の上で業務を発注することも必要でしょう。

　反対に、よかれと思って行うことが問題になることもあります。ある会社では人件費の総枠が固定されていて、社員の雇用を増やすことができませんでした。しかし、あるプロジェクトでは技術者が必要であったため、社員の知り合いの技術者に外部開発業者として参画してもらうことになりました。参画してもらうに当たっては、本来であれば社員として迎え入れたかったのに、会社の事情で業務委託契約とせざるをえないという事情から、待遇としては社員と同等のものを用意することになりました。有給休暇や慶弔休暇も社員の就業規則と同様の条件で同様の日数を付与し、社員と同じ勤怠管理システムにおいて出勤退勤打刻を行い、休暇申請を行っていました。これでは社員雇用と変わりません。

5 フリーランスとの契約において気を付けるべきこと

　フリーランスとの契約そのものが悪いわけではありません。システム開発の業務特性や働き方が多様化している昨今、フリーランスに活躍してもらうのは有用な選択肢の一つです。大切なのは、フリーランスと契約するのであれば、「そのように業務を遂行してもらう」ということです。呼び名だけ「フリーランス」と言いながら、実態として会社の管理下において業務を行わせるようなことは避けなければなりません。

　フリーランスと契約するのであれば、必ず契約書を作成し、その運用について独自にチェックリストを作成するなどして、契約締結及び更新のたびに双方で確認するようにしましょう。それが、お互いの認識不一致によるトラブル等を予防することになります。

6 個人事業主契約が認められなかった例

　あるエンジニアとの契約において、準委任契約であるか雇用契約であるかが争われ、実態は雇用契約だとされた例があります（株式会社羽柴事件、大阪地裁平成9年7月25日判決）。

　理由は次のようなものでした。

① 　当該エンジニアの業務遂行の実態としては、配属先の担当者の指揮命令に従って一労働者として作業する立場であったこと

② 　一緒に働いている他のメンバー（契約相手である会社の従業員）とも業務内容に差がないこと

③ 　契約金額は他の労働者より高く、本人と会社の間に請求書、領収証等のやりとりは存在するものの、法の適用を逃れるためであると考えられること

これらのことから、雇用契約か準委任契約かの区分については、書類の表面上の記載ではなく実態が問われるということに注意する必要があるということがわかります。

7 インターンシップとは何か

本来、インターンシップは就業「体験」「見学」であるため労働者に該当しません。ただし、名称がインターンシップであったとしても、実態が労働者である場合は労働関連法令が適用されることになります。

実態が労働者であるかどうかについては、使用従属性の有無、場所及び時間等の拘束性の有無、報酬の労務対償性の有無等により判断するという点において、フリーランスと考え方は同じです。

ただし、インターンシップの場合は、フリーランスに加えてもう一つ考慮すべき要素として「生産活動への従事」があります。インターンシップはあくまで就業「体験」ですから、生産活動に従事するものは含まれません。これに関して、厚生労働省からは次の通達が出されています。

◆使用従属関係、生産活動への従事についての考え方

「一般に、インターンシップにおいての実習が、見学や体験的なものであり使用者から業務に係る指揮命令を受けていると解されないなど使用従属関係が認められない場合には、労働基準法第９条に規定される労働者に該当しないものであるが、直接生産活動に従事するなど当該作業による利益・効果が当該事業場に帰属し、かつ、事業場と学生の間に使用従属関係が認められる場合には、当該学生は労働者に該当するものと考えられる」
（平成９年９月18日基発第636号）

２．実習の方法及び管理
（２）実習は、通常、現場実習を中心としておこなわれており、その現場実習は、通常、一般労働者とは明確に区別された場所で行われ、あるいは見学により行われているが、生産ラインの中でおこなわれている場合であっても軽度の補助的作業に従事する程度にとどまり、実習生が直接生産活動に従事することはないこと
（４）実習生の実習規律については、通常、委託先事業場の諸規則が準用されているが、それらに違反した場合にも、通常、委託先事業場としての制裁は課されていないこと
（昭和57.2.19　基発121号　商船大学等の実習生）

　優秀な学生をインターンシップとして受け入れることそのものは好ましいことですが、名称にかかわらず労働者という実態があれば最低賃金、労働時間管理、社会保険の適用など法律に基づく労務管理を行う対象となることに注意が必要です。

3 派遣契約において気を付けること

ITエンジニアが派遣契約にて就業する際は、気を付けなければなら
ないことがあります。非常に複雑な内容となるため本書では詳細は触
れませんが、派遣労働者がシステム開発業務に従事する際の主な注意
点について見てみましょう。

1 派遣受入期間制限に関すること

派遣労働者については、就業できる期間に2種類の制限があります。

①事業所単位	1つの事業所当たり3年 ※延長する場合は、派遣先事業所の過半数労働組合、または労働者過半数代表からの意見を聴くこと
②個人単位	1人の派遣労働者当たり3年 ※延長する場合は、組織（課）が異なればOK

事業所単位で受入期間を延長していたとしても、同一のエンジニア
について同一の部署で3年以上継続して就業してもらうことはできな
い、ということになります。ただし、派遣元で無期雇用されていれば
期間制限を受けません。期間制限には次の対象外が設けられているか
らです。

・派遣元で無期雇用されている場合
・60歳以上の派遣労働者である場合
・終期が明確な有期プロジェクトの場合

2 労働契約申込みみなし制度について

　派遣先が違法な派遣を受け入れた場合、その時点で派遣先からその派遣労働者に労働契約を申し込んだものとみなされます。もし派遣労働者が承諾すれば、自社の従業員として直接雇用しなければならないということになります。

　違法な派遣とは、例えば、偽装請負を行っていた場合や、受入制限期間を超えて派遣労働者を受け入れた場合です。

　違法に該当することを知らず、かつ、知らなかったことについて過失がなかった場合は免除されることにはなっていますが、協力会社から来ているエンジニアに就業してもらう際はその契約関係について十分な留意が必要です。

3 契約に当たって留意すべきこと

　派遣契約締結の際には次のことに気を付ける必要があります。

事前面接の禁止	派遣労働者を指名することや、事前に面接を行うことはできません（紹介予定派遣を除く）。
派遣許可を持っていることの確認	派遣元になる企業が、適切に派遣許可を取得しているかどうかを確認する必要があります。
離職して1年以内の人を受け入れていないこと	自社を退職して1年以内の労働者については、派遣労働者として就業してもらうことができません。
社会保険加入確認	派遣労働者が、派遣元で適切に社会保険に加入しているかどうかを確認する必要があります。

4 派遣先責任者の選任及び派遣先管理台帳の作成

　派遣労働者に就業してもらうに当たっては、派遣先責任者の選任及び派遣先管理台帳の作成を行うことが必要となります。派遣先責任者としてはプロジェクトマネージャーなどが選任されることもあります。派遣先責任者は、派遣労働者の管理等の責任を負うことになるため、派遣法や労働法についての知識を学ぶ必要があります。

5 派遣労働者の同一労働同一賃金 （2020年4月から）

　同一労働同一賃金とは、多くの場合、いわゆる正社員と非正規社員（有期雇用労働者、パートタイム労働者など）の間の不合理な待遇差の解消がいわれますが、労働者派遣法においても、派遣先の労働者と派遣労働者の間について不合理な待遇差を解消し、均等・均衡待遇を図ることが求められます。

　もしも、派遣労働者が派遣元において有期雇用労働者、またはパートタイム労働者である場合、不合理な待遇差の解消については次ページ図表のa、b両方の場合を考慮する必要があるため、非常に複雑なものとなっています。

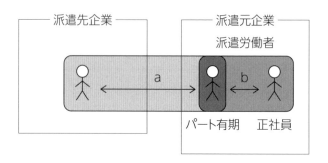

a 派遣先企業の労働者←→派遣労働者
b 派遣元正社員←→派遣元非正規社員

派遣先企業 派遣元企業 派遣労働者 a b パート有期 正社員

① 2つの待遇決定方式

待遇差の解消については、次のいずれかの方式によって行う必要があります。

派遣先均等・均衡方式	派遣先の通常の労働者の待遇に合わせることによって、均等・均衡待遇を図る。
労使協定方式	派遣元で労使協定を締結することによって待遇を決定する。賃金水準については、職種ごとの賃金、能力経験、地域別の賃金に従う（賃金の基準は国から通知が出される）。

不合理な待遇差の解消に当たっては、均等待遇と均衡待遇について理解する必要があります。

均等待遇	派遣労働者と派遣先の通常の労働者との間で、①職務の内容、②職務の内容・配置の変更の範囲が同じ場合は、派遣労働者であることを理由とした差別的取扱いを禁止すること ※ 均等待遇では、待遇について同じ取扱いをする必要があります。同じ取扱いのもとで、能力、経験等の違いにより差がつくのは構いません。

均衡待遇	派遣労働者と派遣先の通常の労働者との間で、①職務の内容、②職務の内容・配置の変更の範囲、③その他の事情（※）を考慮して不合理な待遇差を禁止すること ※「職務の内容」、「職務の内容・配置の変更の範囲」以外の事情で、個々の状況に合わせて、その都度検討します。成果、能力、経験、合理的な労使の慣行、労使交渉の経緯は、「その他の事情」として想定されています。

出典：厚生労働省「不合理な待遇差解消のための点検・検討マニュアル」

　派遣労働者の就業場所は派遣先であるため、本来であれば派遣先労働者との均等・均衡待遇を図る必要があります。しかしこれでは、派遣先が変わるごとに賃金が変わることになり、派遣労働者の待遇安定を図ることが難しい場合があることなどから、労使協定方式が用意されています。

　ITエンジニアを抱える企業が、派遣先均等・均衡方式と労使協定方式、どちらを選択するかといえば、労使協定方式を選択するのが大多数でしょう。

　ITエンジニアの場合は、普段は正社員として就業していてプロジェクトに応じて派遣契約にて協力会社で就業するようなことが珍しくありません。派遣料金は、派遣先企業の規模、案件の種類や会社同士の取引上の事情等によってプロジェクトごとに変動します。プロジェクトを移動するたびにエンジニアの賃金を変動させることは事実上困難であるからです。

　労使協定方式を選択した場合でも、その待遇については企業内で自由に決定できるわけではなく、一定水準以上を満たす必要があります。例えば、賃金については、同種の業務に従事する一般労働者の賃金水準と同等以上（以下「一般賃金」という）とするものとされており、一般賃金の具体的な数字については、局長通達で示されています。

　次ページ**図表2-2**は、局長通達で示された一般賃金の一部であり、職業安定業務統計から抜粋したものです。これに、地域係数その他を

◆図表2-2　一般賃金水準の例（これを上回ることが必要）

	基準値 （0年）	基準値に能力・経験調整指数を乗じた値						参考値 （0年）
		1年	2年	3年	5年	10年	20年	
10情報処理・通信技術者	1,292	1,499	1,640	1,704	1,793	2,112	2,636	1,778
101システムコンサルタント	1,290	1,496	1,637	1,702	1,791	2,109	2,632	1,803
102システム設計技術者	1,322	1,534	1,678	1,744	1,835	2,161	2,697	1,840
103プロジェクトマネージャー	1,564	1,814	1,985	2,063	2,171	2,557	3,191	2,111
104ソフトウェア開発技術者	1,293	1,500	1,641	1,705	1,795	2,114	2,638	1,789
105システム運用管理者	1,232	1,429	1,563	1,625	1,710	2,014	2,513	1,637
106通信ネットワーク技術者	1,269	1,472	1,610	1,674	1,761	2,075	2,589	1,737
109その他の情報処理技術者等	1,234	1,431	1,566	1,628	1,713	2,018	2,517	1,611

101	システムコンサルタント	104	ソフトウェア開発技術者	105	システム運用管理者
101-01	システムコンサルタント	104-01	ソフトウェア開発技術者（WEB・オープン系）	105-01	システム運用管理者
102	システム設計技術者	104-02	ソフトウェア開発技術者（組込・制御系）	106	通信ネットワーク技術者
102-01	システム設計技術者	104-03	ソフトウェア開発技術者（汎用機系）	106-01	通信ネットワーク技術者
103	情報処理プロジェクトマネージャ	104-04	プログラマー	109	その他の情報処理・通信技術者
103-01	情報処理プロジェクトマネージャ	104-99	他に分類されないソフトウェア開発技術者	109-99	その他の情報処理・通信技術者

出典：厚生労働省「職業安定業務統計の求人賃金（令和元年）、及び職業分類表」
　　　より抜粋

考慮した賃金を、派遣労働者の最低賃金として使用することとなります。

　この表を見ると、経験相当年数や職務ごとに細かく定められていることがわかります。これらを基準に労使協定で賃金水準を定めていくことになりますが、定められた賃金について、それが合理的なものであるか労働者から説明を求められたら応じる義務があります。ですから、労働者が納得できる説明ができるよう体系的な賃金制度・人事評価制度をしっかり作成しておくことがますます重要になります。

　その他、教育の機会、福利厚生（給食施設、休憩室、更衣室等）の利用の機会などについても待遇の均衡を図る必要があります。

② 派遣先から派遣元への情報提供

　派遣先は、派遣元に対して比較対象労働者の待遇についての情報提供を行う必要があります。比較対象労働者とは、派遣される労働者の業務内容と職務の内容などが同一とみられる派遣先の労働者のことです。提供すべき情報については、派遣先均等・均衡待遇方式か労使協定方式かによって異なりますが、派遣先が情報提供しない場合は派遣契約を結ぶことができません。

6 派遣先と派遣元の責任分担チェックリスト

　派遣労働者に対する労働関係法令については、派遣元、派遣先それぞれで責任を負うべきことが定められています。次ページの表がその概要となります。中でも労働時間の管理については、派遣先が責任を持つ必要があることに注意が必要です。

◆図表2-3　派遣先と派遣元の責任分担チェックリスト

	適用条項	派遣元	派遣先
労働契約	労働条件の明示	○	
	解雇制限	○	
賃金	賃金の支払い	○	
	休業手当	○	
労働時間・休憩・休日・休暇	労働時間		○
	変形労働時間制等の協定の締結・届出	○	
	休憩、休日		○
	時間外・休日労働の協定（36協定）の締結・届出	○	
	時間外・休日労働		○
	時間外・休日・深夜労働の割増賃金の支払い	○	
	年次有給休暇	○	
就業規則	就業規則の作成・届出	○	
安全衛生管理体制	総括安全衛生管理者の選任等	○	○
	衛生管理者の選任等	○	○
	安全衛生推進者の選任等	○	○
	産業医の選任等	○	○
	衛生委員会の設置	○	○
健康の保持増進措置	一般健康診断・当該健康診断結果についての意見聴取・健康診断結果の記録	○	
	健康診断実施後の作業転換等の措置	○	○
	健康診断の結果通知	○	

第3章

長時間労働問題と
労働時間管理の基本

1 ITエンジニアの労働時間管理が難しいのはなぜか

　システム開発においては労働時間の管理が難しく、長時間労働が発生しやすいといわれます。これについて「IT人材の長時間労働削減に向けた実態調査」にて次のような結果が示されています。

◆図表3-1　受注時における契約内容と長時間労働の関係

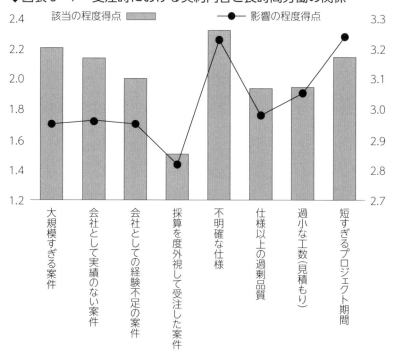

出典：厚生労働省「働き方改革ハンドブック情報通信業（情報サービス業編）」内、
　　　「IT人材の長時間労働削減に向けた実態調査」アンケート結果より抜粋

プロジェクト受注時の状況がもたらす影響が大きいものとして、次のような項目が上位に挙げられています。

1）不明確な仕様
2）短すぎるプロジェクト期間
3）過小な工数（見積もり）
4）大規模すぎる案件

また、プロジェクトの実行時の状況が関係するものとしては次のような結果があります。

◆図表3-2　プロジェクト実行時の管理等の状況と長時間労働との関係

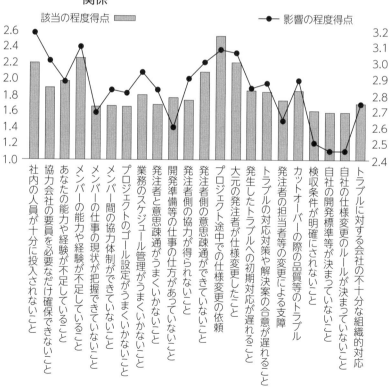

出典：厚生労働省「働き方改革ハンドブック情報通信業（情報サービス業編）」
　　　内、「IT人材の長時間労働削減に向けた実態調査」アンケート結果より

長時間労働への影響が大きいものとして、次のものが挙げられています。

1）社内の人員が十分に投入されないこと
2）メンバーの能力や経験が不足していること
3）プロジェクト途中での仕様変更の依頼
4）大元の発注者が仕様変更したこと

と続きます。

では、どうしてこのような要因が引き起こされるのでしょうか。背景としては、システム開発にかかわる3つの問題が挙げられます。

1　システム開発の多重階層構造から発する構造上の問題
2　トラブル対応
3　個々のエンジニアに対する教育、能力開発の問題

---

1 システム開発の多重階層構造から発する構造上の問題

　アンケート結果では、長時間労働の関係として「大規模すぎる案件」が挙げられています。何が問題かというと、大規模プロジェクトになればなるほど、複数のパートナー企業やエンジニアがチームとして共同で作業を行うこととなり、労働時間等について自社内だけでのコントロールが難しくなるということが挙げられます。また、大規模案件になればなるほど、一次請、二次請、三次請といった委託関係の階層構造が深くなるということとなり、労務管理上次のような問題を引き起こします。

① 仕様変更による作業量の増大

　開発規模が大きいほど、最初の設計の段階で細部の仕様まで精度を

上げることは難しくなり、必然的に開発期間途中での仕様変更が生じやすくなります。お客様事情での要件変更もありえます。仕様変更は、一度行った作業のやり直し等の手戻り、作業量の増加を招きます。

　しかし、開発期間途中での仕様変更が繰り返されたとしても、最終納期が変更されるとは限りません。官公庁、金融、大手広告代理店が関与するような大規模案件になればなるほど、完成したシステムの稼働開始時期の遅れが社会全体の混乱を招いてしまうようなプロジェクトも存在します。納期の遅れに対して1日当たりの損害賠償金が定められているようなものもあります。結果的に仕様変更に対する短期間での修正対応を求められることとなります。

　例えば、家を建てる場合をイメージしてみましょう。当初、台所は2階に作る予定だったものが途中まで作成したところで突然1階に変更、かつ納期も費用も当初のままと言われたらいかがでしょうか？システム開発の現場ではこのようなことが起こっているのです。

　しかし、元請、下請という階層構造の力関係上、当然、下請会社としては要求を断ることは難しく、上流工程での仕様変更や作業の遅れを下流工程のエンジニアの時間外労働でカバーしなければならない状況が発生してしまうのです。

②　スケジュール変更や見積もりのずれを招く問題

　開発全体の流れやスケジュールの作成は、上流工程のコンサルタントやSIer、上流SEなどが主に担当することとなりますが、上流工程のコンサルタントは、顧客との折衝のプロではあっても必ずしも開発経験があるとは限りません。このため、実際のプログラム作成工程に落としたときにスケジュールが合わなくなってしまうことがあります。また、仮に完全なスケジュールを作成していたとしても、システム開発にトラブルはつきものです。当初予定していたスケジュールを変更しなければならないことはよく発生します。そして、階層構造が深くなればなるほど、上位階層でのスケジュール変更が下位層に与え

る影響は大きくなります。

③　労務管理の責任の所在が不明確になる問題

　多重階層構造の中で客先常駐にて作業するエンジニアは、発注元の担当者から直接業務指示を受ける状態が発生しがちです。しかし、発注元の担当者は、発注先のエンジニアに対する労務管理上の責任がありません（適正な派遣契約の場合を除き）。このため、技術者が過重労働の状態にあってもコントロールが効かず、抑えが効かない状態を招いてしまいやすいといえます。また、客先常駐作業を行っている場合だと、人事から過重労働等の状況が見えにくく、フォローが行き届きにくくなってしまいます。

2　トラブル対応

　開発作業にトラブルは避けて通れませんが、システムトラブルの際には、その原因究明、対策樹立、復旧等の対策を行う必要があります。複数社で作業をしている場合には、どの部分が障害を起こしているのかが不明確で、原因の特定に予測のできない時間がかかります。自社に問題がなかったとしても、他社の不備のために長時間のバックアップ待機を余儀なくされることや、復旧までに「人身御供」として現場待機をしなければならないこともあります。

　このため、労働時間についての見積もりが難しく、自社の努力だけではコントロールしにくい状況があります。また、突発対応については、あらかじめシフトを組めるものではないため、変形労働時間制（後述）等による調節もなじみません。

3 個々のエンジニアに対する教育、能力開発の問題

　プロジェクトマネージャーやプロジェクトリーダーは、技術的な知識に優れていても、労務管理や契約関係についての基本的な教育を受けていないことがあります。このような場合、元請会社からの違法な要求があったとしても、正当な交渉を行うことができません。例えば、元請からメンバーへの直接の休日出勤命令は本来であれば行ってはならないものという知識があれば、実際にそのような指示があった際にマネージャーとして何らかの対策や交渉を行うことが可能なはずです。

　また、技術力そのものを向上させることは当然必要です。しかし、SESで常に案件単位での人のやりとりしか行っていない場合は、自社内での技術教育が難しく、1つのプロジェクトが終わったらすぐ別のプロジェクトに移動と、「人回し」に終始してしまっている場合もあります。このような場合は、技術向上のための教育を図る機会などを設けることが難しくなり、結果的に「メンバーの能力や経験が不足している」状態が常態化し、長時間労働を解消できない結果となってしまうことがあります。

2 どうして長時間労働対策に 取り組まなければならないのか

1 こころと身体を蝕む長時間労働

　長時間労働が問題になっているのはなぜでしょうか？　ワークライフバランスの実現等もありますが、大きな理由の1つとしては、長時間労働が人の命にかかわるものであるということが挙げられます。

　事業主には、法律上、労働者に対する「安全配慮義務」が課せられています。

【労働契約法第5条】
使用者は、労働契約に伴い、労働者が<u>その生命、身体等の安全を確保</u>しつつ労働することができるよう、必要な配慮をするものとする。

【労働安全衛生法第3条1項（抜粋）】
事業者は…快適な職場環境の実現と労働条件の改善を通じて職場における<u>労働者の安全と健康を確保</u>するようにしなければならない。

　長時間労働による健康障害を防ぐための対応を行うということは、法令で定められた事項でもあります。もちろん、コンプライアンス上の観点だけでなく人の命を守ることが最も重要であることはいうまでもなく、だからこそ法で定められているともいえます。では、具体的にはどのような状態が健康に影響をきたすのでしょうか。

2　脳・心臓疾患の労災認定基準

①　長時間労働と健康障害のリスク

　厚生労働省の医学的検討結果によると、週40時間を超える時間外・休日労働が月45時間を超えて長くなればなるほど、業務と脳血管疾患・心臓疾患の発症との関連性が徐々に高まるとされています。

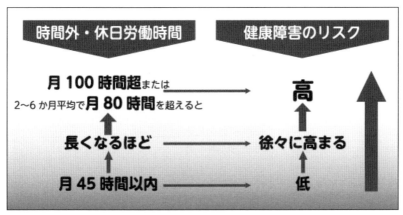

出典：「STOP! 過労死」（厚生労働省）より抜粋

②　労働時間以外の負荷要因

　「脳・心臓疾患の労災認定」（厚生労働省）では、長時間労働以外にも発症の負荷となる原因がいくつか挙げられています。そこにシステム開発作業における該当例を当てはめてみましょう。

負荷要因	負荷の程度を評価する視点	システム開発における該当例
不規則な勤務	予定された業務スケジュールの変更の頻度・程度、事前の通知状況、予測の度合、業務内容の変更の程度等	協力会社から言い渡される突発的スケジュール変更
拘束時間の長い勤務	拘束時間数、実労働時間数、労働密度、業務内容、休憩・仮眠時間数、休憩・仮眠施設の状況（広さ、空調、騒音等）等	トラブル対応による現地待機など
出張の多い業務		客先常駐など
交替制勤務・深夜勤務	勤務シフトの度合、勤務と次の勤務までの時間、交替制勤務における深夜時間帯の頻度等	深夜のインストール作業など
精神的緊張を伴う業務	会社に多大な損失をもたらし得るような重大な責任のある業務	大規模プロジェクトでは、社会的影響が大きい、損害額が多額になる等が考えられます。（※）
	過大なノルマがある業務	過大なプログラム作成量など
	決められた時間（納期）どおりに遂行しなければならないような困難な業務	※に同じ。
	周囲の理解や支援のない状況下での困難な業務	一人で客先常駐作業を行っている場合は、孤立無援の中対応しなければならない状況が発生します。

　こうしてみると、IT エンジニアには、長時間労働そのものに加え、その作業の特性からも過労死が発生しやすい要因が含まれているとい

えるでしょう。

3 取引慣行の見直し

　このような状況に対して長時間労働を改善していくには、自社内での取組みはもちろんですが、他社との取引きを行う際の業務の発注など、業界全体で取組みを行っていく必要があります。

　厚生労働省は、労働基準関係法令違反の背景に、極端な短納期発注に起因する違法行為が疑われる場合には公正取引委員会や中小企業庁に通報するなどの連携を図って対応する方針を出しています。

① 働き方改革に伴う下請け企業への作業のしわ寄せの懸念

　働き方改革に伴い、残業時間の上限規制や有給休暇の取得が義務化されることにより、元請会社が法令を遵守するために下請等中小企業に無理な発注などのしわ寄せがいくことが懸念されています。中小企業庁の調査によると、次のような声が挙がっています。

・大手ITベンダーの働き方改革のしわ寄せで、下請け中小ITベンダーの労働時間が増大する。
・力のある発注側企業の社員は三六協定遵守のために先に帰宅し、下請企業の社員が残って作業をしなければならない状況が発生している。
・官公庁のシステム改修においては、納期や発注時期が特定時期に集中する（年度末など）。
・客先都合による仕様変更や手戻り、納期を延長しないままでの仕様追加が行われ、工数増加で残業が発生する。

出典：「働き方改革を進める上で問題となる「商慣行」や「しわ寄せ」の事例について」（中小企業庁）より要約

②　労働時間見直しのガイドライン

　長時間労働につながる取引慣行の見直しとして「労働時間等設定改善法」が改正され、次の内容が努力義務とされました。

第2条の4
　事業主は、他の事業主との取引を行う場合において、著しく短い期限の設定及び発注の内容の頻繁な変更を行わないこと、当該他の事業主の講ずる労働時間等の設定の改善に関する措置の円滑な実施を阻害することとなる取引条件を付けないこと等取引上必要な配慮をするよう努めなければならない。

　また、労働時間等見直しガイドラインでは、「中小企業等において時間外・休日労働の削減に取り組むに当たっては、個々の事業主の努力だけでは限界があることから、長時間労働につながる取引慣行の見直しが必要である。」ということが明記され、具体的に次の3点が示されました。

・週末発注・週初納入・終業後発注・翌朝納期等の短納期発注を抑制し、納期の適正化を図ること
・発注内容の頻繁な変更を抑制すること
・発注の平準化、発注内容の明確化、その他の発注方法の改善を図ること

　労働時間の削減は、個々の企業での努力を行うことはもちろんですが、多数のビジネスパートナーと協力して業務を進めなければならないシステム開発だからこそ、発注元となる企業が無理な要求を行わないよう、情報システム開発に携わる業界全体での取組みを進めていく必要があります。

3 労働時間管理の基本

「違法な時間外労働」という言葉を耳にすることがありますが、「違法」とは何時間労働した場合のことをいうのでしょうか？ 80時間でしょうか？ 100時間でしょうか？

1 労働時間と休日の原則

労働基準法では、労働時間の原則として、1日8時間、週40時間を超えて働かせてはならないと定められています（年少者、小規模事業場等の例外を除く）。これを法定労働時間といいます。また、週に1日は休日を与えなければならないことになっています。これを法定休日といいます。

違法な時間外労働とは、この法定労働時間、法定休日の制限を超えて労働させた場合のことを指します。すなわち、著しい長時間労働でなくても、法定労働時間を1分でも超えたら「労働基準法違反」＝「違法」となるのです。

法定労働時間	1日	8時間
	週	40時間
法定休日		週1日以上（または4週4日）

なお、休日とは、暦日で1日、0時～24時までの休みを確保できることが条件となります。夜間作業を行って朝帰宅してその日は休み、翌日また出勤しているような場合は休日となりませんので注意が必要

です。

2 三六協定（時間外及び休日労働に関する協定）

　しかし、現実には、法定労働時間の枠を 1 分たりとも超えずに勤務してもらうのは困難ですので、従業員の過半数で組織される労働組合、または従業員の過半数代表と「時間外労働・休日労働に関する協定」を締結し、労働基準監督署に提出することによって、協定で定めた範囲内であれば時間外労働を行わせることができるということになっています。この協定のことを「三六協定」といいます。三六協定を締結し、労働基準監督署に提出を行うことにより、三六協定の範囲内の時間外労働・休日出勤であれば「違法」とはならなくなります。

◆図表 3 - 3　法定労働時間と三六協定

法定労働時間 （労働基準法第32条）		三六協定 （労働基準法第36条）
1日：　8時間 週：40時間 まで 休日：週1日	残業が必要 →	1日：　　○時間までOK 月：○○時間までOK 休日：月○日までOK

※　管理監督者、一定の業種を除く

① 時間外労働の上限（原則）

　ただし、三六協定を締結すれば、何時間でも働いてよいというわけではありません。時間外労働をさせることができる時間には上限が設けられています。上限時間は次のようになっています。

月	45時間
年	360時間

※　法定休日労働時間を除く時間外労働の数です。

②　特別条項

　三六協定で定めた時間の範囲内で業務の繁忙をコントロールできない臨時的な特別な事情がある場合は、「特別条項」を設けることによって、次の範囲内であれば、原則の上限を超えて時間外労働をさせることが可能になります。

時間外労働	年720時間以内
時間外労働＋休日労働	ひと月で100時間未満※
時間外労働＋休日労働	「2か月平均」「3か月平均」「4か月平均」「5か月平均」「6か月平均」がすべて1月当たり80時間以内（※）

※　特別条項がなく、原則の三六協定の時間の範囲内だったとしても、遵守する必要があります。

　また、上限時間だけでなく、回数も決まっています。

月45時間を超える時間外労働が発生する回数	年6回以下

※　なお、以前は時間外労働の上限についての制限がありませんでしたが、2019月4月1日より上限が設けられることになりました（中小企業は2020年4月1日から）。

　図にすると次ページのようになります。

◆図表3-4　時間外労働の上限規制

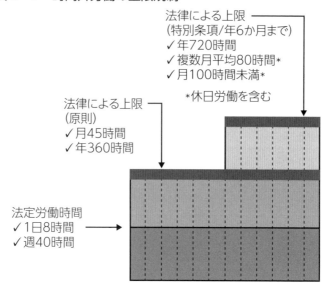

法律による上限 ━━━━━
（特別条項/年6か月まで）
✓ 年720時間
✓ 複数月平均80時間*
✓ 月100時間未満*

　*休日労働を含む

法律による上限
（原則）
✓ 月45時間
✓ 年360時間

法定労働時間
✓ 1日8時間
✓ 週40時間

出典：「時間外労働の上限規制わかりやすい解説」（厚生労働省）
　　　より抜粋したものを加工

3　プロジェクトマネージャーも罪に問われる!?　労働時間の管理

　三六協定で定める上限を超えて労働させてしまった場合は「労働基準法違反」となります。

　近年、三六協定を締結しないで時間外労働を行わせた、または三六協定は締結しているが協定された上限時間を超えて労働させた、ということに対して、労働基準法違反にて書類送検される例が複数発生しています。書類送検されるのは会社だけではありません。

　ある小売チェーン店では、30歳代の店長が書類送検された例もあります。労働時間管理の甘さによって、個人が責任を問われることもあるということを認識しなければなりません。

4　紛らわしい労働時間のカウント

1　法定労働時間と所定労働時間

　ここまで、三六協定における時間外労働について解説してきましたが、所定労働時間が8時間に満たない会社での「時間外労働」とはどこからどこまでを指すのでしょうか？

　会社によっては、就業規則に定められた所定労働時間が7時間、7時間30分など8時間に満たない場合があります。所定労働時間を超えて勤務した時間をすべてまとめて「残業」と呼ぶことは珍しくありませんが、労働基準法での「時間外労働」とは、法定労働時間を超えた部分を指します。例えば次のようになります。

◆例：就業規則上の所定労働時間9：00〜17：00（休憩1時間、実働7時間）の会社において、9：00〜20：00まで勤務した場合

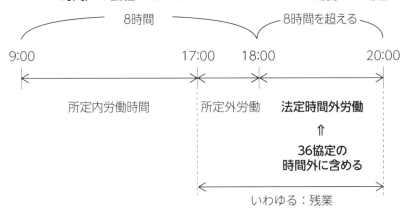

自分の会社の就業規則に照らした「残業時間」の合計が三六協定の上限に達していたとしても、労働基準法上の「時間外労働」だけを合計したら、三六協定の範囲内におさまっているということもありえます。この場合は違法とはなりません。

2　土曜日や祝日に出勤したら「休日労働」？

　会社で定める休日には、「法定休日」のほかに「所定休日」があります。三六協定における「時間外労働」「休日労働」を数える際や割増賃金の計算を行う際は、この「法定休日」と「所定休日」を分けて考えることが必要となります。

①　法定休日と所定休日

　法定休日と所定休日の違いは次のとおりです。

法定休日	労働基準法上の休日（週1回、または4週4日）
所定休日（いわゆる公休）	法定休日以外の会社で定めた休日（祝日など）

　労働基準法で定められている週1回の休日が「法定休日」となりますが、法定休日以外の休日は、会社が定める「所定休日」となります。法定休日は、あらかじめ「日曜日」などと定めるやり方もありますが、定めないことも可能です。もし定めない場合は、1週間の中で週1日の休みが確保されていれば、結果的に法定休日の要件が満たされていることになります。

②　土曜日や祝日に出勤したらどうなるのか

　三六協定を始めとする労働基準法で「休日労働」という場合は、法

定休日に労働した場合を指します。所定休日に出勤した場合は、労働基準法上の休日出勤とはなりません。もしも週40時間を超えている場合は、休日出勤ではなく時間外労働となります。

　例えば、所定労働時間が1日8時間、土日が休日の会社において土曜日に5時間出勤した場合を見てみましょう。

日	月	火	水	木	金	土
法定休日	出勤（8h）	出勤（8h）	出勤（8h）	出勤（8h）	出勤（8h）	出勤（5h）

所定労働時間（40h）　　時間外労働（5h）

　図の例の場合、時間外労働時間数と休日出勤数は次のようになります。

　誤）時間外労働0時間、休日出勤1日

　正）時間外労働5時間、休日出勤0日

　土曜日の出勤は、休日出勤ではなく時間外労働となり、三六協定で時間外労働をカウントする際は、休日出勤の時間ではなく「時間外労働時間数」に含める必要があります。

③　変形休日とは

　労働基準法上の休日は原則週1日とされていますが、4週間に4日以上の休日を与える「変形休日制」を取り入れることも可能です。この変形休日制を取り入れる場合は、就業規則等で4週の起算日を定める必要があります。

　なお、4週間とは、どの4週間を区切っても4日の休日を与えられていなければならないということではありません。特定の4週間に4日の休日があれば足ります。だからこそ、変形休日制を採用する際は、

起算日を定める必要があるともいえます。

④ 「明け休」は休日に該当するのか？

　開発作業においてはトラブル対応の発生など、業務の都合上早朝まで勤務して翌朝帰宅するというケースが発生します。これを「徹夜明け代休」「明け休」などと呼んでいるケースが見られますが、早朝勤務明けの休みは労働基準法上の休日にはなりません。

　なぜなら、労働基準法上の休日とは、暦日単位、つまりは0：00〜24：00までの24時間を指すからです。ですから、徹夜明けに勤務をせず帰宅させたとしても、法定休日を満たすことにはなりませんので注意が必要です。

3　どうして月45時間、80時間、100時間なのか

　労働時間の説明には、次の数字がよく出てきます。

> ・週40時間
> ・月45時間
> ・月80時間
> ・月100時間

　なぜこの数字がよく使われるのでしょうか？　それは、労働者の健康に影響があるからにほかなりません。長時間労働と脳血管疾患・心臓疾患の発症の関連については71ページでご説明しているとおりですが、各法律で定められる労働時間の関係を図にまとめると次のようになります。

◆図表 3-5　各法律における労働時間の関係

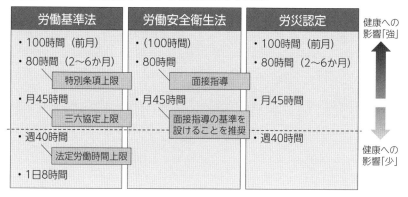

左から、それぞれ次のような意味を持ちます。
- 「労働させることができる時間」（労働基準法）
- 「労働させた場合には健康に配慮するための措置を行わなければならない時間」（労働安全衛生法）
- 「労働すると健康への影響が大きいとされる時間」（労災認定）

　制定されている法律は異なっても、同じ数字が使われていることがわかるでしょう（なお、労働安全衛生法においては、労働者からの申出があったら医師の面接指導を行わなければならない時間外労働時間数として100時間とされていましたが、2019年4月1日より80時間となっています）。

　過重労働による労働者の健康障害を防ぐためにも、時間外労働をさせてもよい時間の上限や時間外労働をさせる場合の手続き、長時間労働が発生してしまった場合の対処などが複数の法律で網羅されているともいえます。

第4章

柔軟な働き方を
実現するための時間管理制度

1 労働基準法上の制度

　勤務時間が不規則になりやすいITエンジニアの労務管理においては、柔軟な労働時間管理を求める声が聞かれます。「時間でなく成果で評価したい」という要望は高いところです。

　しかし、ITエンジニアだからといっても、法律上特別な管理が許されているわけではなく、他の業界や職種と同様に労働時間管理が必要となります。中でも、ITエンジニアの労務管理において要望が高く、かつ運用の誤りを招きやすい4つの労働時間法制について解説します。

1 フレックスタイム制

　労働時間の原則は1日8時間、週40時間ですが、フレックスタイム制は日と週の労働時間を定めず一定の「清算期間」（最大3か月）について総労働時間を定めておき、その範囲内で労働者が日々の始業・就業時刻を自分で決めて働く制度です。労働者にとっては、柔軟な働き方を実現することによってワークライフバランスの実現を後押しし、会社にとっては残業代を抑制するという効果があります。

① フレックスタイム制の基本

　通常の労働時間制度では、出社退社時刻が定められており、その間は必ず勤務する必要があります。

◆図表4-1　通常の労働時間制度

労働時間	休憩時間	労働時間
必ず勤務しなければならない時間帯		

一方で、フレックスタイム制では、フレキシブルタイム内であれば出社退社の時間を労働者が自由に決めることができます。

◆図表4-2　フレックスタイム制

フレキシブルタイム	コアタイム	休憩時間	コアタイム	フレキシブルタイム
出社自由な時間帯	必ず勤務しなければならない時間帯			退社自由な時間帯

コアタイムを定めて、一定時間のみ出社時間を義務付けることも可能となります。会議を行う場合などは、コアタイムに設定することとなります。

フレキシブルタイムもコアタイムも設けず、完全に勤務時間を労働者に委ねる「完全フレックスタイム制」とすることも可能です。

フレックスタイム制を導入するには、労使協定にて所定の事項を定める必要があります。

清算期間を月単位で定める場合の法定労働時間の総枠は、それぞれ下記となります。

1か月単位		2か月単位		3か月単位	
清算期間の暦日数	法定労働時間総枠	清算期間の暦日数	法定労働時間総枠	清算期間の暦日数	法定労働時間総枠
31日	177.1時間	62日	354.2時間	92日	525.7時間
30日	171.4時間	61日	348.5時間	91日	520.0時間
29日	165.7時間	60日	342.8時間	90日	514.2時間
28日	160.0時間	59日	337.1時間	89日	508.5時間

② フレックスタイム制における割増賃金

フレックスタイム制においては、清算期間の総労働時間を超えて勤務した部分が時間外労働となります。1日の労働時間が8時間を超えてもただちに時間外労働になるわけではありません。

また、欠勤となるのは1日当たりの労働時間でなく、清算期間の総労働時間に達しない時間となります。

③ 清算期間が1か月を超える場合の時間外労働

清算期間を長くすれば、プロジェクトの進行状況に応じてより柔軟な対応が可能となりますが、清算期間が1か月を超える場合は、次の両方が時間外労働の対象となります。

・法定労働時間の総枠時間を超える部分
・月単位での週平均労働時間が50時間を超える部分

気を付けなければならないのは、週平均労働時間が50時間を超える場合は法定労働時間の総枠内でも時間外労働となるため、労働時間の集計と管理が非常に煩雑になるということです。

◆図表 4-3　清算期間を 3 か月とした場合の時間外労働のイメージ

✓ **時間外労働が発生しないパターン**

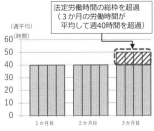

(i) 3 か月の労働時間が、平均して週40時間以内
かつ
(ii) 1 か月ごとの労働時間が週平均50時間以内

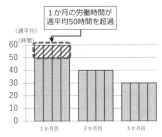

(i) 3 か月の労働時間が、平均して週40時間以内
かつ
(ii) 1 か月ごとの労働時間が週平均50時間以内

✓ **時間外労働が発生するパターン**

法定労働時間の総枠を超過
（ 3 か月の労働時間が
平均して週40時間を超過）

1 か月の労働時間が
週平均50時間を超過

出典：厚生労働省「フレックスタイム制のわかりやすい解説＆導入の手引き」

④　同じ時間働いても法律違反になることがある ?!
　　― 3 か月単位フレックスの落とし穴

　清算期間が 1 か月を超えるフレックスタイム制においては、清算期間が 1 か月であれば法違反にならないのに、清算期間が 3 か月であるために同じ時間働いても法違反となってしまうケースがあります。

　例として、毎月40時間ずつの時間外労働を行ったとした場合の時間外労働の集計方法を見てみましょう。

●A：清算期間が1か月の場合

　毎月40時間ずつの時間外労働が発生していたとしても、月45時間以内なので、この時点では直ちに法違反とはなりません。

	4月	5月	6月
実労働時間	211.4時間	217.1時間	211.4時間
法定労働時間の総枠	171.4時間	177.1時間	171.4時間
時間外労働	40時間	40時間	40時間

●B：清算期間が3か月の場合

　Aと同じ時間勤務した場合、精算期間が3か月の場合は、4、5月は法定労働時間を超える部分は発生しませんが、6月になると4、5、6月の労働時間合計が639.9時間（211.4+217.1+211.4）となり、精算期間中の法定労働時間の総枠である520.0時間を上回る119.9時間が時間外労働となります。これは、時間外労働の上限である100時間を超えることとなるため、法違反となってしまいます。

	4月	5月	6月
実労働時間	211.4時間	217.1時間	211.4時間
法定労働時間の総枠	520.0時間（30＋31＋30＝91日分）		
時間外労働合計			119.9時間 （639.9-520.0 時間）

　ですから、AとBでは、総労働時間が同じだったとしても、精算期間を長く設定するかどうかで法違反になるかどうかが変わってしまうのです。

　他にも清算期間を延長する場合には細かい注意事項がたくさんあり、意図しないコスト増や法違反を招いてしまう場合がありますので、導入は慎重に行う必要があります。

⑤ ITエンジニアを抱える企業におけるフレックスタイム制の注意点

　労働時間がプロジェクトの繁閑によって変動しやすいITエンジニアの労務管理においては、フレックスタイム制についての興味を示されることは少なくありません。

　一方で、導入したけれど廃止の選択をする会社もあります。従業員1,000人を超える企業においては、フレックスタイム制度の導入率はこれまで減少してきたという過去もあります。では、どのような点が問題とされてきたのでしょうか?

・始業終業時刻を指示できないということ

　フレックスタイム制では、始業終業時刻を会社が指定することができず、本人に委ねる必要があります。ですので、プロジェクト案件によって、顧客の指示する時間に就業しなければならないなどが想定される場合は向いていないということになります。

・自由すぎる社員の発生による会社全体の生産性低下

　労働時間が本人に委ねられているため、自己管理ができていない社員にとっては、単純に勤怠が乱れることになってしまうことがあります。出社時間が毎日午後過ぎになり、退社時刻がどんどん遅くなり、悪循環になるケースが見受けられます。チームで開発作業を行わなければならない現場にとっては、仕様の確認をしたくても時間が合わずに意思の疎通が困難になる、必要なミーティングも円滑に行うことができないなどの支障が生じ、フレックスタイム制度が適用されている労働者本人にとっては働きやすくても、会社全体としては生産性が下がってしまうというケースがあります。

　また、メンタルヘルス不調等は、勤怠の乱れによる早期発見が可能ですが、フレックスタイム制ではタイムカード上の勤怠が乱れていても、それが出退勤を自由に設定しているからなのか、メンタル

ヘルス不調なのかどうかの判断が難しくなります。

・部署間の不均衡による不公平感

　部署や対象者によってフレックスタイム制が適用される部門（担当者）と適用されない部門（担当者）が分かれる場合があります。

　例えば、エンジニアにはフレックスタイム制が適用され、人事部や部署内の事務職には適用されないといったケースです。会社としては電話やお客様対応の必要もありますので、開発以外の部署については適用対象外としている例があります。

　すると、部署間での不公平感が生まれることになります。

　例えば、フレックスタイム制はここまでに述べたように勤務時間の集計等が非常に煩雑であるため、フレックスタイム制で働いている本人にとっては働きやすくても、労働時間を管理する人事担当者にとっては管理作業の負担が非常に増えがちです。特に給与計算時には、エンジニアの自由な働き方を支えるために人事部員が残業しなければならないという状況が発生してしまう場合もあります。

　反対に、開発部門は常駐先の勤務時間にあわせなければならないのに、人事部門は社内での融通が利くためフレックスタイム制という逆パターンもあります。これらによって、人事部から見ればエンジニアばかり優遇され、エンジニアから見れば人事部のほうが優遇されているように感じてしまう、といった、当事者間の不公平感が増すことがあります。

　皆にとって働きやすい環境となるように、人事管理系のシステムの活用（139ページ）や教育の仕組みをとり入れるなど、導入及び運用を工夫しながら進めましょう。

2 1か月単位の変形労働時間制

① 制度の概要

　1か月単位の変形労働時間制は、1か月以内の一定期間を平均して週40時間を超えない範囲であれば1日の労働時間が8時間を超えて労働させることができるという制度です。フレックスタイム制と異なるのは、始業終業時刻は労働者に委ねるのではなくあらかじめ会社が定めるというところです。

② 導入手続

　就業規則または労使協定で次の内容について定めることが必要です。

項　　目	内　　容
対象となる労働者の範囲	対象者を明確に定める必要があります。
対象期間及び起算日	具体的に定める必要があります（例えば、毎月1日を起算日とし、1か月を平均して1週間当たり40時間を超えないようにするなど）。
労働日及び労働日ごとの労働時間	シフト表や会社カレンダーなどで、対象期間すべての日について、あらかじめ労働時間を定める必要があります。

③ 1か月単位変形労働時間制の時間外労働

　あらかじめ定めた時間を超えて労働させた場合には時間外労働となります。よくある勘違いは、次のようなものです。

所定時間を8時間と設定していた日にトラブルが発生し、たまたま10時間の労働時間になってしまったが、翌日の勤務を2時間削って6時間にしたので2日合わせれば16時間となり、時間外労働は発生していないのものとして残業代も支払わなかった。

1か月単位変形労働時間制は、あらかじめ定めた1日の所定労働時間を超えて勤務した場合は「時間外労働」となります。あくまで、月の所定労働時間を定める際に、1日8時間を超える勤務時間を設定できる、という制度であり、たまたま発生した時間外労働については「時間外労働」として扱う必要があるのです。このため、システム開発における突発的なトラブルの発生に柔軟に対応させるには向いている制度ではありません。

　しかしながら、保守運用の業務などにおいて、あらかじめ深夜に長時間のインストール作業が見込まれ、勤務シフトを事前に作成するというような勤務が定期的に行われているような場合には活用することができます。

3 専門業務型裁量労働制

　裁量労働制には、専門業務型と企画業務型がありますが、企画業務型はITエンジニアにはなじまないため、ここでは専門業務型について解説します。

① 制度の概要

　業務の性質上、業務遂行の手段や方法、時間配分等を大幅に労働者の裁量に委ねる必要がある業務について、労使協定であらかじめ定めた時間を労働したものとみなす制度です。もしも労使協定で1日のみなし労働時間を8時間と定めたら、実際に勤務したのが3時間でも10時間でも、その日の勤務時間は8時間とみなされることになります。

　対象にすることができる業務は法令により19種類が定められていて、それ以外の業務について適用することはできません。

② 対象にできる業務とは

専門業務型裁量労働制に定められた19種類の業務の中には、ITエンジニアが関係するものとしては、次のものが挙げられています。

「情報処理システムの分析または設計の業務」

「情報処理システムを活用するための問題点の把握またはそれを活用するための方法に関する考案もしくは助言の業務」

「ゲーム用ソフトウェアの創作の業務」

業務の詳細として、「専門業務型裁量労働制の適正な導入のために」（厚生労働省）では次のように示されています。

---

② 情報処理システム（電子計算機を使用して行う情報処理を目的として複数の要素が組み合わされた体系であってプログラムの設計の基本となるものをいう。）の分析又は設計の業務

　「情報処理システム」とは、情報の整理、加工、蓄積、検索等の処理を目的として、コンピュータのハードウェア、ソフトウェア、通信ネットワーク、データを処理するプログラム等が構成要素として組み合わされた体系をいうものであること。
　「情報処理システムの分析又は設計の業務」とは、（ⅰ）ニーズの把握、ユーザーの業務分析等に基づいた最適な業務処理方法の決定及びその方法に適合する機種の選定、（ⅱ）入出力設計、処理手順の設計等アプリケーション・システムの設計、機械構成の細部の決定、ソフトウェアの決定等、（ⅲ）システム稼働後のシステムの評価、問題点の発見、その解決のための改善等の業務をいうものであること。プログラムの設計又は作成を行うプログラマーは含まれないものであること。

⑦ 事業運営において情報処理システム（労働基準法施行規則第二十四条の二の二第二項第二号に規定する情報処理システムをいう。）を活用するための問題点の把握又はそれを活用するための方法に関する考案若しくは助言の業務

　いわゆるシステムコンサルタントの業務をいうものであること。
　「情報処理システムを活用するための問題点の把握」とは、現行の情報処理システム又は業務遂行体制についてヒアリング等を行い、新しい情報処理システムの導入又は現行情報処理システムの改善に

関し、情報処理システムを効率的、有効に活用するための方法について問題点の把握を行うことをいうものであること。

「それを活用するための方法に関する考案若しくは助言」とは、情報処理システムの開発に必要な時間、費用等を考慮した上で、新しい情報処理システムの導入や現行の情報処理システムの改善に関しシステムを効率的、有効に活用するための方法を考案し、助言（専ら時間配分を顧客の都合に合わせざるを得ない相談業務は含まない。）することをいうものであること。

アプリケーションの設計又は開発の業務、データベース設計又は構築の業務は含まれないものであり、当該業務は則第24条の2の2第2号の業務に含まれるものであること。

⑨　ゲーム用ソフトウェアの創作の業務

「ゲーム用ソフトウェア」には、家庭用テレビゲーム用ソフトウェア、液晶表示装置を使用した携帯ゲーム用ソフトウェア、ゲームセンター等に設置される業務用テレビゲーム用ソフトウェア、パーソナルコンピュータゲーム用ソフトウェア等が含まれるものであること。

「創作」には、シナリオ作成（全体構想）、映像制作、音響制作等が含まれるものであること。

専ら他人の具体的指示に基づく裁量権のないプログラミング等を行う者又は創作されたソフトウェアに基づき単に CD-ROM 等の製品の製造を行う者は含まれないものであること。

出典：「専門業務型裁量労働制の適正な導入のために」（厚生労働省）より

ここに示されているように、裁量労働制の対象となるのは、システム開発の工程の中でも極めて上流工程に係わるコンサルタントや設計者クラスのみとなっています。プログラムの作成設計や開発、リーダーの指示に従って作業を行う一般的なプログラマーやプロジェクト内のメンバーなどは該当しません。

ITエンジニアであれば、すべて裁量労働制に該当すると認識されていることがありますが、実際には対象者は非常に限定的となっています。拡大適用しないよう注意が必要です。

③ 導入手続

就業規則の定め及び次の内容についての労使協定の締結をして労働基準監督署に提出することが必要です。

1）対象業務
2）みなし労働時間
3）対象業務の遂行手段や方法、時間配分などに関し労働者に具体的な指示をしないこと
4）対象労働者の労働時間の状況に応じて実施する健康・福祉を確保するための措置の具体的内容
5）対象労働者からの苦情処理のために実施する措置の具体的内容
6）有効期間（3年以内が望ましい）
7）4）、5）に関する記録を協定の有効期間中及び期間満了後3年保持すること
8）時間外労働・休憩時間・休日労働・深夜業について

---

④ 裁量労働制における注意点

裁量労働制は、あくまで「1日の労働時間を一定時間にみなす」制度であり、すべての労働時間管理や割増賃金を除外するというものではありません。よって、休日に出勤した場合、深夜に出勤した場合には法定の割増賃金が必要となります。

また、何時間働いてもみなし時間までしか勤務したことにならないため、勤務時間が過多にならないよう健康管理が重要となります。

4 高度プロフェッショナル制

高度プロフェッショナル制は、高度な専門的知識があり、職務の範囲が明確で、一定の年収要件を満たす労働者を対象として、労働基準法に定める労働時間、休憩、休日、深夜の割増賃金を適用しないという制度です。導入に当たっては、一定の手続きを経て、導入後も定められた健康確保措置等を行うことが必要となります。詳細は次のとおりです。

① 対象労働者
- 職務が明確に定められており、職務内容等について書面での合意がとれていること
- 年収1,075万円以上が約束されていること
- 対象業務以外の業務を常態として行っていないこと
- 18歳以上であること

② 対象業務の概要
- 使用者から具体的な指示を受けて行う業務ではないこと
- 著しく短い納期の設定等、実態として業務に対する裁量がなくなるようなものではないこと
- 従事した時間と成果との関連性が一般的にみて高くないもの

③ 具体的な対象業務
　具体的な業務については5種類のものが定められており、ITエンジニアが該当しそうな業務としては「新たな技術、商品又は役務の研究開発の業務」があります。しかし、これには次のような業務は含まれません。
- 作業工程、作業手順等の日々のスケジュール等が定められていて、従わなければならない業務
- 他社のシステムの単なる導入にとどまり、導入に当たり自らの研究開発による技術的改善を伴わない業務

　これらの条件からすると、裁量労働制と同様、いわゆるシステム開発に携わる労働者というだけではきわめて適用が困難で、限定的であるといえるでしょう。また、導入手続としても、労使委員会の設置や決議が厳格に求められていますので慎重な対応が必要です。

5 「柔軟」と「無秩序」は同じではない

　労働基準法上の労働時間管理制度について解説してきましたが、柔軟な働き方の実現を考える際は「柔軟」と「無秩序」は同じではないということを認識することが必要です。

　「既存のルールに縛られない」「時間と場所にとらわれない」「新しい働き方」等は聞こえのよい言葉ですが、果たして本当にそれは生産性を高め働きやすい働き方なのでしょうか？

　例えば、「柔軟な働き方」とは、本人が柔軟なだけで、周りの人にとっては大きく生産性を低下させ、全体としては非効率になっている場合があります。本人は、時間と場所を選ばず、好きな時間に作業ができるかもしれません。しかし、周りの人からすれば、連絡がとりたくてもとれない、仕様調整の打ち合わせもままならない、対面で5分で決定できることがメールやチャットでのやりとりになることによって、タイムラグが生じたり、文字により誤解を招いたりして、ストレスを与えていることがあります。

　ITエンジニアだからといって特別なことはなく、システム開発はむしろ個人作業ではなく、チームで協力し合って進めなければならないプロジェクトであり集団作業であることを忘れてはなりません。

　フレックスタイム制を廃止し、遅刻早退の管理を厳格に行ったことでかえって生産性が上がり、時間外労働が削減された例もあります。勤務時間に柔軟性を持たせるのであれば、今まで以上に従業員一人ひとりが自分の職務を理解して自立している必要があります。「柔軟な働き方」と「無秩序な働き方」は異なるということの認識を前提として進める必要があります。

　では、どのように進めたらよいのでしょうか？

2 ITエンジニア向けの独自の労働時間管理制度

柔軟な労働時間管理を実現するためには、労働基準法上の制度を利用するだけでなく就業規則等で独自の労働時間制度を設定することで対応することもできます。

1 シフト勤務制（始業終業時刻の繰上げ繰下げ）

シフト勤務制は、基本の始業終業時刻を定めておき、業務の事情または本人からの申請によって勤務時間を早めにずらすまたは遅めにずらすということを許可する制度です。基本的な労働時間に対する指揮命令権は会社が保持しつつ、労働者からの申請を会社が許可する形にすることにより、秩序を保ちつつ労働者のプライベートな事情にも配慮した柔軟な対応が可能となります。

2 常駐先に応じた所定時間変更制度

常駐作業先の企業の所定労働時間と自社の就業規則による所定労働時間や休憩時間が異なる場合があります。このような場合に備え、就業規則にて客先常駐作業を行う場合は、常駐先の所定労働時間に合わせるよう就業規則で規定しておくと対応しやすくなります。

例えば次のようなものです。

◆就業規則例

> 第○条（所定労働時間）
>
> 2　前項の所定労働時間は、客先常駐作業にて会社が必要と判断した場合は常駐先の所定労働時間、及び始業・終業時刻、休憩時間にあわせて変更する。

3　私用外出、私用遅刻、私用早退制度

就業規則等にて私用外出、私用での遅刻、私用での早退について定める制度です。暗黙のうちに私用外出等が行われているケースもあるでしょう。しかし、制度上明記して周知することに意義があります。理由は主に次の3つです。

1つ目は、制度として認められることによって労働者側が利用しやすくなること、2つ目は、現場の上司判断によって許可の判断基準が曖昧になることがなく、公平な運用が可能になるということ、3つ目は、人事が知らないところでの「地方ルール」や行き過ぎた運用の乱立を防ぐことです。

制度をスムーズに運用するコツとしては、次のようなものがあります。

・私用外出等による不就労時間は無給とすること

勤務していない時間については賃金控除することをお勧めいたします。賃金控除を行わないことは、一見労働者にとっては優しいようにも見えます。しかし、フルタイムで就業している同僚との不公平さを生み、周囲にとっても本人にとっても長期的にはうまくいかなくなってしまうことがあります。

- **制度の利用回数に上限を設けるなど、無秩序になり過ぎない仕組みを設けておくこと**

  回数上限を超えた場合には評価に影響するなどの仕組みを設けるなど行き過ぎた利用が行われないようにすることが必要です。

- **会社が許可した場合に認めるものであること**

  あくまで会社が制御できるようにしておくためです。

そんなに細かく制度を設けたら会社として統制がとれなくなってしまうのでは、という懸念を持たれることがありますが、それは逆です。制度がないからかえって現場で隠れた運用が行われ、まじめな社員と無秩序な社員の管理が行えなくなってしまうのです。ただでさえ、客先常駐にて勤務する社員には人事の目が行き届きません。そうであればむしろ、制度として認め、正しく申請、承認を行う仕組みを取り入れるほうが、会社として管理を行うことが可能になります。

仕組みにのっとって申請を上げてもらうからこそ、不就労時間の賃金控除が可能になりますし、利用回数の制限も可能になります。制度として明確にすることによって、公平な労働時間管理が可能となるのです。

4 徹夜明け代休（徹夜明け勤務免除）

システムトラブル等によって徹夜作業になってしまった場合に、翌日の勤務を免除する制度です。

具体的には、例えば1日の勤務時間が継続して16時間を超える場合には、翌日の勤務を免除するというようなものです。9：00始業で休憩が1時間だった場合には、翌2：00まで就業すると16時間を超えることとなります。もちろん、時間外労働及び深夜勤務についての割増賃金を支払う必要はありますが、翌日安心して休養してもらうことが

可能となります。

なお、徹夜勤務明けの日について年次有給休暇の消化とすることはできません。年次有給休暇は暦日単位で与える必要があるため（半日、時間単位年休を除く）、早朝まで勤務して帰宅したケースでは、その日については0：00を超えて就業している時間が発生しているためです。

同様に、「代休」といっても徹夜明け代休においては、0：00を超えて勤務している場合は休日とはならないため、法定休日は別途与えなければならないことも注意が必要です（75ページ参照）。

5　振替休日と代休の活用

振替休日と代休は本来異なるものですが、混同されて利用されているケースが見受けられます。

①　振替休日

振替休日は、あらかじめ休日と平日を入れ替えるものです。単にそもそもの出勤日が変更になるだけなので、休日割増賃金の必要がなくなります。ただし、休日と平日を入れ替えた結果、ある週において週40時間を超える場合は、割増賃金が必要になります。

振替休日は、大多数の会社で会社から指示するものとされていますが、本人からの申請により会社が許可する仕組みを取り入れることも可能です。これにより、入社から日が浅いために年次有給休暇の権利が発生しない従業員でも平日に休みを取得するなどの柔軟な対応が可能になります。

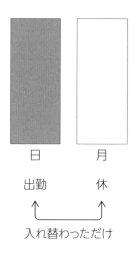

日　　　月

出勤　　　休

入れ替わっただけ

② 代　休

　代休は、休日出勤した後で代わりに別の平日を休むことです。休日出勤したことそのものは消えないため、休日出勤した分については休日割増賃金が必要になります。

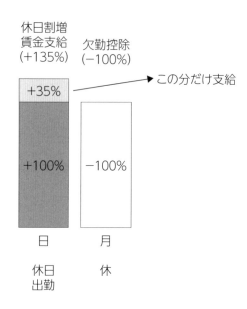

休日割増
賃金支給
（+135%）

欠勤控除
（−100%）

+35%

この分だけ支給

+100%　　−100%

日　　　月

休日　　　休
出勤

③ 代休はいつまでに取得するべきか

　代休を定める場合は、休日出勤をしたのと同じ1賃金締め切り期間日内に取得するよう定めておくのが好ましいです。そうでないと、次の3つの問題が生じます。

1）代休がどんどんたまってしまって、管理が煩雑になる

　いつの代休をいつ消化したのか、有効期限がいつまでなのかがわからなくなるということがあります。代休がたまりすぎて消化できない、年次有給休暇のかわりに代休を使用し、年次有給休暇の消化までたどりつかないというような状況が起こります。

2）賃金計算が煩雑になる（未払賃金の累積）

　代休の賃金計算の基本的な考え方は、
　「休日出勤分を支払い（1日×135％）」
　「平日休んだ分の賃金を控除する（－1日×100％）」
　こととなります。このため、同じ賃金締切期間内であれば休日出勤と代休が相殺されるので、その月の給与については　135％－100％＝35％　のみ追加で支払えばよいことになります。

　しかし、例えば、休日出勤が賃金締切日直前で代休取得日が翌賃金締切期間以降となる場合、本来は一旦休日出勤分の割増賃金を支給し、代休を取得した月に代休分の賃金を控除するという計算が必要になります。そうでないと、休日出勤分が単なる未払賃金となってしまうからです。何か月も前の休日出勤に対し、休日出勤手当を支給せずに休みの権利としてのみ日数を貯めておくのは、未払賃金が累積されているのと同じことです。実際に、労働基準監督署の調査によって、貯まりすぎた代休について未払賃金として是正勧告を受ける例もあります（代休分の賃金控除は行わないことも可能です）。

3）健康管理上の問題

　代休は何のために設定するのでしょうか？　本来休みであるはずの日に出勤したわけですから、体を休めるという意味からも、できれば休日出勤からあまり日にちが離れない間に取得するのが望ましいはずです。もちろん、忙しいからこそ休日出勤が発生するわけですから、必ずしも同じ賃金締切期間内に取得できない場合もあるでしょう。

　ですから、現実的にはもう少し余裕を持たせることを検討してもよいでしょう。その場合でも、休日出勤の翌月くらいの間で消化するようなルールを就業規則で定めておくのが運用上は好ましいといえます。

第5章

未払残業代問題

1 未払残業代はどのように発覚し、請求されるのか

　IT エンジニアには残業代がいらない、時間でなく能力で評価したいという意見を耳にすることがあります。その気持ちは十分に理解したいところですが、運用の誤りは未払残業代を生み出すことにもなり、非常に危険です。

　未払残業代が存在していることの最大のリスクは、突然多額の残業代支払を行わなければならなくなってしまうというところです。過去5 年（当面 3 年）（※）にわたってさかのぼり支払を行わなければならなくなる可能性があり、場合によっては、多額の金額となり、企業存続の危機に陥ってしまうこととなります（賃金請求時効はこれまで 2年でしたが、2020 年 4 月より 5 年（当面 3 年）となります）。

　未払い残業代の存在が発覚し、請求されるパターンとしては、大きく次のパターンに分かれます。

※　2020 年 4 月より。2020 年 3 月以前は 2 年

> 1　労働基準監督署からの是正勧告による場合
> 2　本人が弁護士等を通じて請求してくる場合

1　労働基準監督署からの是正勧告による場合

①　労働基準監督署からの是正勧告とは

　是正勧告とは、労働基準監督官の調査の結果、労働基準法違反が認められた場合に、法違反を正すよう指導を受けることです。労働基準監督官は司法警察員の身分を持っており、法違反に対して「捜査」「逮

捕」「送検」ができるという、非常に強い権限を持っています。そのため、決して逆らわずに正直に誠実に対応する必要があります。

②　労働基準監督官はどのような場合にやってくるのか

　労働基準監督官が監督に来る場合には、大きく分けて次の3つのパターンに分けられます

・労働者が賃金不払について労働基準監督署に申告を行った場合
・労働基準監督署が、ある基準を基に抽出した調査対象として該当した場合（その年の重点項目、業界、その他）
・労災が発生した場合

「労働基準監督官が来るなんて大きな会社の話。うちのような会社になんて来るわけがない」という意見を耳にすることがありますが、たとえ従業員が数名の会社でも、労働者本人の申告による監督が入ることは珍しいことではありません。

③　不払残業の是正指導による割増賃金支払額はどのくらいになるのか

　2018年度の監督指導による賃金不払残業の是正結果は次のようになっています。

| 1企業当たりの支払われた割増賃金額の平均額 | 711万円 |
| 労働者1人当たりの支払われた割増賃金の平均額 | 11万円 |

　この金額を見て何を感じるでしょうか？
　例えば、ある日突然700万円を超える金額を支払わなければならなくなると想像してみたらいかがでしょうか？　是正勧告の内容によっては全社員について、さかのぼって3か月、6か月分の未払残業代に

ついて計算の上、支給しなければならないこともあり、費用や手間は膨大なものとなります。

2　本人が弁護士等を通じて請求してくる場合

　労働基準監督署に申告した場合については先に説明したとおりですが、弁護士に依頼して請求してくる場合のリスクとしては、残業代以外に多額の支払いをしなければならなくなってしまう可能性があるということです。

　もし弁護士からの請求を受けて訴訟となった場合、相当期間さかのぼって請求されることはもちろんですが、未払残業額と同等額を「付加金」として支払わなければならなくなる可能性があります。「付加金」とは、割増賃金を支払わなかった場合に課せられるペナルティのことです（労働基準法114条）。

　さらに、遅延利息や長時間労働に伴う慰謝料を請求されることを考慮すると、本来払う残業代の額の2倍以上もの金額となってしまいます。つまり、裁判になったら残業代だけ払えばよいというものではなくなってくるのです。

2 払っただけでは終わらない、未払残業代発覚の事後対応

1 未払残業対応の事後措置

　未払残業代対策でさらに怖いのは、払ったとしてもそれだけでは終わらないということです。理由は次の2つです。

　1つは、他の社員や退職した社員からも同様の請求が来る可能性があるということです。社員同士の横のネットワークにより、未払残業代の支給を受けたことが同僚や退職済の社員にまで伝わり、自分も権利があるのではないかと請求をかけてくることがあります。

　もう1つは、1回支払えば解決というわけではなく、今後も同様の割増賃金の支給を続けなければならないということです。なぜなら、未払残業代があるということは、賃金制度や時間管理の方法に間違いがあったということだからです。このような場合は、制度設計や時間管理の状況を是正しない限り、今後も継続して、割増賃金の支給義務が発生するということになります。もし、さかのぼって3か月で700万円支払ったとすれば、今後も継続して毎月230万円ほどの残業代を追加で支払い続けなければならないことになります。

2 賃金制度の改訂

　そのまま正しく残業代を支給するのであれば、単純に残業代が増加し、人件費の高騰を招くこととなります。もちろん、支給できることが望ましいですが、会社が存続できないような状態になってしまっては、かえって従業員を守ることができなくなります。これを防ぐとす

れば、労働時間を減らすか給与を下げるかのどちらかしかありません。しかし、いきなり労働時間を減らすのは現実的に可能とはいえませんので、賃金制度の改訂、すなわち割増賃金の基礎となる給与本体の引下げを検討しなければならなくなる可能性があります。

　しかし、賃金の引下げは、「労働条件の不利益変更」に該当します。労働条件の不利益変更については、会社側から一方的に行うことはできません。もし行うのであれば次のいずれかの方法で行う必要があります（労働契約法8、9、10条）。

・本人の合意をとる
・就業規則の改訂を行う
　⇒一方的な変更は原則禁止。ただし、内容が合理的なものであれば
　　OK
　⇒合理的かどうかは、本人の不利益の程度、必要性、内容の相当性、
　　労働組合等との交渉のプロセス、その他総合的に判断される

　未来に向かって会社が存続し、現実的な賃金制度を運用するために一番確実なのは、どちらのやり方で行う場合にも従業員からの合意をとることです。特に実質的な賃金引下げについては従業員に十分に説明を行う必要があります。しかし、対象人数が多い場合は、この同意をとる作業そのものも大変ですし、同意してもらえない社員が発生することも考えられます。

　また、月々の給与を減額せず人件費の高騰を防ぐ方法として、固定残業代制度（「固定残業代（みなし残業代）制度」参照）を活用する対応方法もあります。

　例えば、下記のようなものです。

基本給：30万円　⇒　基本給20万円＋固定残業代10万円、に分割する

これであれば、従業員に大きな痛みを発生させることなく制度改定が可能でしょう。しかしこれも、基本給が減額になっている以上、賃金引下げ、不利益変更となることには違いありません。賞与や退職金が基本給ベースで設計されている場合には、賞与や退職金が減額にならないよう支給計算式を変更するなど関連する他の制度についても見直しを行う必要があります。

　さらに、不払残業代問題には、費用面のリスクの他にも目に見えない深刻な問題があります。それは従業員との信頼関係の問題です。

　従業員にしてみれば、今まで払うべきであった残業代が支払われていなかったことに対して、ただでさえ会社への不信感が生まれている状況です。それに加えて、もし基本給を減額する等の制度改定を行うのであれば、さらに事実上の賃金引下げを余儀なくされることになります。固定残業代の活用等で実態的な従業員に対する手取り額が減らないように設計した場合でも、「会社のミスなのに賃金が減額される」というマイナスイメージのほうを強くもたれてしまうことは少なくありません。

　これらの対応を通じて会社に嫌気がさし、離職を招いてしまうことや問題従業員が発生してしまうこともあります。良好な人間関係に基づく会社運営が難しくなってしまうことは、金銭の問題と同様に深刻です。

　不払残業代は、一時的な金銭負担の他に今後の制度運用にも影響を及ぼすまさに会社の存続を揺るがしかねない問題に発展する危険を抱えている問題です。ですから、早い段階で未払残業代が生じないような労働時間管理制度や賃金制度を構築する必要があります。

3 未払残業代を発生させないための対応

1 客先請求時間と賃金計算に使用する労働時間は別々に管理する

　業務委託契約等で客先常駐作業を行う場合、多くの場合は発注元には月の稼動時間によって報酬を請求することとなります（34ページ参照）。このため、発注元への請求のための作業時間の記録を行います。

　しかし、給与計算の際は、客先請求用に集計された労働時間とは別に自社用の労働時間を記録し、それを使用する必要があります。なぜなら、客先請求用の作業時間と労働基準法上支払うべき対象となる時間が一致するとは限らないからです。

　例えば、請求用の時間としては夕方に一律休憩時間が減算されるようになっているが自社の就業規則には夕方の休憩時間などは設定されておらず、実態としても休憩を取得していないようなケースが挙げられます。また、自社に帰社するための時間などは自社の給与計算上の労働時間には含まれますが、客先に請求する時間には含まれません。

　また、複数のプロジェクトに関わっている場合、それぞれの会社にはそれぞれのプロジェクトにかかった時間を報告することとなりますが、その労働者の総労働時間としては、すべてを合計する必要もあります。

　これらの事情から、本来であれば客先報告用の労働時間と自社の労務管理用の労働時間を別途記録して管理する必要があります。しかし、これがなされていないことがあり、客先提出用の勤務時間がそのまま給与計算の元として使用されてしまっていることがあります。こ

のような場合、総労働時間の集計が間違っていたり、給与計算の間違いが起きてしまったりすることがあります。

また、業務委託契約において請求時間に清算時間幅が設けられているような場合（例えば、月間稼働時間140時間から180時間でいくら、と定められているような場合）だと、給与計算においても契約上の上限時間を超えた時間分しか残業代の対象にしておらず、未払残業代が生じてしまっていることがあります。

ですから、客先請求用の作業時間とは別に労働基準法上の労働時間を管理する必要があるのです。

2 固定残業代制度（みなし残業代）は正しく運用する

誤った運用で未払賃金が生じてしまいやすい制度の一つとして、固定残業代制度があります。一定時間の時間外労働を行ったものとして、あらかじめ固定額を残業代として支給する制度です。残業してもしなくても固定額が支給されることから「固定残業代制」または、一定の時間勤務したとみなされることから「みなし残業代制」などと呼ばれます。

固定残業代は、労働基準法で定められた制度ではありません。だからこそ、誤解による運用やトラブルが多い制度でもあります。これまで裁判例でもさまざまな解釈が出されており、厳しい判断も出されています。それだけに慎重な制度設計及び運用を行う必要があります。

① 誤った固定残業代制度によるリスク

残業代の請求を受け、固定残業代が否定されてしまった場合、次のような問題が発生します。

・払ったつもりの残業代相当額が「未払」となってしまい、別途残業代の支払いが必要となる。

・固定残業代として払ったつもりの金額が割増賃金計算時の基礎時給単価に含まれることとなり、再計算後の残業代が大きく跳ね上がる。

「残業代込」のつもりで基本給を高めに設定しているような場合は、この割増賃金単価増による不払残業代の金額の跳ね上がりは深刻なものとなります。

② 未払残業代を発生させないための固定残業代制の仕組みの基本

固定残業代が否定されるリスクを避けつつ固定残業代制度を導入するには、少なくとも次のことに気を付けることが必要です。

> ・固定残業代の額を基本給その他の手当と別に定めること
> ・みなし残業時間数を書面で明示すること（雇用契約書、給与改訂通知書、就業規則等）
> ・給与明細上の固定残業代の支給項目を設けること
> ・みなし残業時間と実際の残業時間に大幅なずれがないこと
> ・実際に発生した時間外労働から算出される残業代が、固定残業代を上回る場合は、その差額について支給すること
> ・実際に発生した時間外労働から算出される残業代が、固定残業代を下回る場合でも、その差額について控除は行わないこと

これらを踏まえた雇用契約書と給与明細の例を次に示します。

◆雇用契約書例

> 【賃金】
> 基本給：243,000円
> 固定残業手当：57,000円（時間外労働約30時間見込、割増賃金率にて計算される実際の割増賃金が固定残業手当額を上回る場合は差額を支給する。ただし、下回る場合でも減額は行わない）

◆給与明細書例

支給	
基本給	243,000
固定残業手当	57,000
合計	300,000

　上記の条件だった場合の実際の残業代支給の計算は、次のものとなります。

◆例：毎月30時間の時間外労働に対して57,000円の固定残業代が支給される仕組みの場合

⇒実際の残業時間で計算される残業代が57,000円以下であれば、57,000円が支給される

⇒実際の残業時間で計算される残業代が57,000円を超える場合、57,000円＋超えた分の残業代が支給される

③　よくある勘違い

　固定残業代について、よくある勘違いは次のようなものです。

・基本給の中に固定残業代が含まれており金額及び時間数が明示されていない（例：「うちは残業代込みの給料だから」と総額しか伝えられていない）。

・「職能給」「営業手当」「技術手当」「課長手当」を残業代の代わりとして支給しているつもりになっているが、「残業代」としての定義がどこにも明記されておらず、労働者との合意もない。

・みなし時間を超えた残業を行っていても残業代を払っていない。

・最低賃金の計算において、固定残業代を含めて計算してしまっているため、固定残業代を除いた額で計算すると最低賃金を下回ってしまう。

これらの場合、固定残業代として認められなくなってしまう場合が

ありますので注意が必要です。

④ 固定残業代制が好まれる理由

　固定残業代制は、導入には慎重さが必要ですが、導入したいという経営者は少なくありません。好まれる理由としては次の３つの要素が挙げられます。

1）時間でなく能力で評価したい。だらだら残業を防ぎたい

　ITエンジニアは、技術力が問われる業務に携わるからこそ「時間でなく能力で評価したい」という会社側の意見を耳にします。固定残業代であれば、能力が高い労働者は、時間外労働を抑えつつ一定の支払いを受けることが可能となります。効率よく業務を行うことができる人ほど報われるとも考えられます。これによって、能力の低い労働者のほうがだらだら残業による残業代で給与が高くなってしまうという逆転現象を防ぐことができるというものです。

2）給与計算が楽

　残業時間が一定範囲内であれば、給与額が一定で済むため、細かい給与計算の必要がなくなります。しかし、労働時間の把握義務がなくなるわけではありませんし、実際の時間外労働から算出される残業代が固定残業代の額を超えて差額が発生しているかどうかの確認は必要であり、全く作業がなくなるわけではありません。

3）採用に有利

　募集採用時に、基本給と固定残業代を合わせた総額を月給として提示することによって、見かけの給与額を大きくし、労働条件を有利に見せたいというものです。
　しかし、職業安定法では、労働者を募集採用する場合に明示しなければならない労働条件として、固定残業代を採用する場合は固定

残業代部分の金額とみなし時間数を明示するよう求められていますので注意が必要です。

◎賃金	月給　20万円（ただし、試用期間中は月給19万円）
	時間外労働の有無に関わらず一定の手当を支給する制度（いわゆる「固定残業代」）を採用する場合は、以下のような記載が必要です。 ① 基本給　××円（②の手当を除く額） ② □□手当（時間外労働の有無に関わらず、○時間分の時間外手当として△△円を支給） ③ ○時間を超える時間外労働分についての割増賃金は追加で支給 ☆

出典：厚生労働省「労働者を募集する皆様へ」より抜粋

⑤　固定残業代制における未払賃金以外のポイント

固定残業代制は、誤解を招きやすい制度であることから、会社、労働者、双方が理解を深めるようにしつつ、未払賃金対策以外にも次のような対応を行う必要があります。

・管理者教育を行うこと

人事側の当初の導入目的が「時間でなく能力で評価する」ことであったとしても、日が経つにつれまたは現場上司の理解不足等により、みなし残業時間以内であればいくらでも時間外労働をさせることができると勘違いした運用が行われてしまうことがあります。いくら業務効率を上げても、その分他の仕事が増えるだけということにならないよう、管理者教育を行う必要があります。

・賃金以外でのモチベーション向上の仕組みを設けること

時間外労働をしてもしなくても給与額が変わらないため、「残業しないほうが得」と自分の仕事を他人に押し付けたり、責任を果たさなくなってしまうような労働者が発生することがあります。固定残業代制度を導入すると良くも悪くも月々の給与額が固定化されるため、業務に対するモチベーションを維持することが難しくなることがあります。こういったマイナスの効果を防ぐには、個人の能力

が別の形で反映されるよう適正な評価制度等の仕組みを導入する必要があります。

・目的と効果について従業員と理解を深めあうこと

「固定残業制」そのものが、まるで残業代の削減手法であるかのようにネット上で伝えられていることがあります。また、残念ながら、実際に悪用している企業がないともいえません。

これらの情報から「固定残業代」＝ブラック企業という先入観を持たれてしまっていることがあります。これを払拭するためにも、固定残業代制度や目的の周知を図りつづけることや、皆に理解してもらえるよう丁寧な説明を行うことが必要です。

固定残業代そのものが悪い制度というわけではありません。せっかく運用するのであれば、会社と従業員双方にとってプラスになるよう正しく活用しましょう。

⑥　みなし残業時間を大きくすれば未払賃金対策は安全なのか？

賃金不払等のリスクを避けたいのであれば、みなし残業時間として大きな数字を設定すれば間違いの可能性は低くなるということになりますが、みなし残業時間を大きくすることには問題がないのでしょうか？

みなし残業時間数そのものには法的制限はありませんし、大きくすることそのものが違法とされているわけではありません。しかし、時間外労働の上限が三六協定で決められている以上、みなし残業時間の上限も、三六協定の上限範囲内と考えるのが自然であるということになります。

では、仮に三六協定の上限が月45時間であれば、みなし残業時間の上限も45時間でよいのでしょうか？　そうとも言い切れません。もし

45時間の時間外労働を1年間行ったとすれば、1年で540時間となり、1年の限度時間である360時間を超えることとなります。では、特別条項にて限度時間を超える時間を設定していればよいのでしょうか？

　過去の裁判においては、恒常的に月80時間、100時間の時間外労働が発生することを前提とした固定残業代について、公序良俗に反し無効とされている例があります。月100時間、月80時間を超える時間外労働について、業務と脳血管疾患等の発症との関連が強いとされているにもかかわらず（71ページ参照）、これを常態とするような労働条件を設定することが、労働者の健康を損なうものであるということです。

　では、みなし残業時間を大きく設定していたとしても、実際にはそれほどの時間外労働は想定していないし、実績としても発生していないとした場合はどうでしょうか？　仮に固定残業代として否定はされなかったとしても、実態としてありえない数字がみなし時間とされていることについて、従業員同士では残業代逃れだと言い合っているというようなことは珍しくありません。従業員がそのように感じている状態でその会社と信頼関係を築いて能力を発揮してくれるでしょうか？

　労働トラブルの原因の多くは信頼関係の崩壊によるものです。こうしたところから、会社への不信感が生まれ、未払残業以外のところで別の問題を引き起こすことにもつながります。

　みなし残業時間数の決定に当たっては、会社のポリシーや従業員のモチベーション維持、現実の残業時間の実績、事務処理のボリュームなど多角的な観点からメリット、デメリットを検討しましょう。

3 年俸制

ITエンジニアに年俸制の適用を希望されることは少なくありません。その理由の1つとして、「年俸制には残業代がいらない」と誤解されていることがあります。しかしこれは間違いです。年俸制であっても、残業代の支払は必要です。この年俸制に対する誤解が未払残業代発生の原因となっていることがあります。

① 年俸制と月給制の違い

年俸制と月給制の違いは、給与を「年」で定めるか「月」で定めるかだけの違いであり、割増賃金計算等の運用には違いがありません。すなわち、年俸制であっても、時間外労働を行った場合は、月給制の場合と同じように割増賃金の支給が必要となります。

また、支払方法についても、年俸制であっても年に1回まとめて支給するのではなく、年俸額を12以上の数で割って支給することになります。労働基準法上、給与は月1回以上支払うことが義務付けられているからです。つまり、毎月給与を支給するのと同じこととなります。

例えば、年俸360万円の人が12分割で給与をもらう場合は、月給30万円として給与をもらうのと同じことになります。

```
月給制：月給30万円
年俸制：年俸360万円
```

② 年俸制による給与の支給パターン

年俸制とはいえ、夏季や年末には一時金のようなものを期待されることもあるでしょう。年俸制の給与の支払い方でよく見られるものとしては、大きく分けて次の3つのパターンがあります。

年俸÷12回分割	月1回のみの支給とする。
年俸÷14回分割	月1回及び夏と冬に1回ずつ賞与として支給する。
年俸÷12回分割＋別途賞与	年俸額の他に賞与（インセンティブ）を支給する。

　年俸を14分割する場合は、名目が賞与であったとしても14回分すべてを割増賃金の基礎単価に含める必要があります。なぜなら、割増賃金の対象外とできる賃金として「臨時的支払」が挙げられますが、年俸を14回に分割する場合は、あらかじめ支給額、支給時期が定められていることとなるため「臨時的支払」に該当しなくなるからです。

③　「年俸には残業代が含まれている」という主張は認められるか

　年俸制だからといって「年俸に残業代が含まれている」というだけでは残業代として認められません。固定残業代の運用と同様に基本給と残業代部分が別々に定められていることなどに留意する必要があります。

4　プロジェクトマネージャーには残業代がいらないのか

　プロジェクトマネージャーになると、管理職なので残業代の支給対象外となるとされていることがあります。残業代で給与が大きく跳ね上がっているエンジニアにとっては、「管理職になると給料が下がるからなりたくない」という意見を聞くことも少なくありません。
　確かに、労働基準法で定める管理監督者に該当する場合は、時間管理の対象外とされるため（ただし、労働時間の「把握」は必要。134ページ参照）、残業代が不要になります。このため、ITエンジニアだ

けでなく他業種においても「課長」以上は残業代の対象外とされていることがあります。

しかし、会社で定める「課長」「プロジェクトマネージャー」であれば、残業代を払わなくてよいとされる管理監督者に該当するのかといえばそうではありません。当てはまる範囲は極めて高度で限定的であると考えたほうがよいでしょう。

① 管理監督者の定義

労働基準法でいう管理監督者に該当するかどうかについては、肩書きや名称に関係なく、実態として次の3つに当てはまるかどうかを考える必要があります。

> 1）経営者と一体的な立場で仕事をしている
> 2）出社、退社や勤務時間について厳格な制限を受けていない
> 3）その地位にふさわしい待遇がなされている

1）経営者と一体的な立場で仕事をしていること

経営者と同じ立場で仕事をするということは、会社の経営方針や重要事項の決定に参画し、経営者から労務管理上の管理監督、指揮命令にかかる一定の権限を委ねられている必要があります。

例えば、経営に対する権限を持ち、上司に確認を仰ぐ必要なく人事採用権、解雇権、懲戒権、給与の決定権まで持っているかといった非常に高度なレベルのものです。

2）出社、退社や勤務時間について厳格な制限を受けていないこと

管理監督者は、時には時間を選ばず経営上の判断や対応を求められたり、一般の従業員とは異なる立場に立つ必要があります。だからこそ出勤時間は厳密に決めることができず、裁量に任される必要があります。出退勤時間や勤務時間が会社から指示され、遅刻や早

退によって賃金控除されているような場合やペナルティが与えられるような場合は、管理監督者には該当しないということになります。

3）その地位にふさわしい待遇がなされていること

その職務の重要性から地位、給与その他の待遇において、他の社員と比較して相応の待遇がなされていることが求められます。言い換えれば、他の社員に比べて給与が高いということです。部長になって残業代がなくなったら部下と給与が逆転したというような場合は、該当しないということになります。

② プロジェクトマネージャーは管理監督者に該当するのか

では、これらの条件をシステム開発におけるプロジェクトマネージャーに当てはめた場合には、労働基準法上の管理監督者に該当するのでしょうか？

プロジェクトマネージャーといっても権限はさまざまですので、個別の実態を見て判断する必要があります。過去の判例等では、次の判断ポイントが示されています。

- ・あるプロジェクトでの権限のみならず、会社の職制上、経営者と一体となって事業運営に責任を持つ立場であるかどうか
- ・人事考課や昇給/処分、採用/解雇を決定する権限があるか
- ・プロジェクトメンバーや協力会社を決定する権限を持っているか
- ・スケジュールを決定する権限を持っているか

プロジェクトマネージャーであれば、自分のプロジェクトについてはすべての権限を持っていることはあるかもしれません。しかし、労働基準法上の管理監督者として認められるには、それだけではなく会社の経営に関して、経営者と一体になった権限を持っていることが求められます。

また、プロジェクトメンバーを決定する権限はあっても、開発スケジュールは元請会社の主導で決定され、出退勤の自由があるとはいえない場合もあるでしょう。あるプロジェクトでは大きな権限を持たされていたとしても、プロジェクトが変われば権限が変わるということもあるでしょう。肩書きだけでなく実態を見て慎重に判断することが必要です。

第6章

労務トラブルを防ぐための
労働時間の把握と記録

労務トラブルを防ぐための労働時間管理の対応として、本章では次の3つについて解説します。

1　労働時間に対する教育、認識共有
2　労働時間の正しい記録、把握
3　時間外労働を行う際の手続きの明確化(申請及び承認プロセス)

時間外労働に対する教育、認識共有

　労働時間をめぐるトラブル回避のためには、まず労働時間に対する認識そのものを共有する必要があります。

　労働時間の定義は、次のものとなります。

> ①　使用者の指揮命令下に置かれている時間
> ②　使用者の明示または黙示の指示により労働者が業務に従事する時間

　まずは、労働時間とは、会社の管理下にある時間のことであって、会社が指示していないのに自己の判断で作業を行ったとしても労働時間というものではないということを共有しましょう（ただし、明示的に残業指示を行ってはいなくても、事実上、残業しなければ終わらないほどの大量の業務を与えていたなどの場合は、業務に関して黙示の指示が与えられたということになります。それが上記の②です）。

　トラブルになりやすいのは次のようなものです。

在社時間＝勤務時間ではないということを共有する

　現実に労働した時間については１分単位で計算する必要があります。しかし、これは「社内での在室時間」「タイムカードの打刻時間」が１分単位で労働時間に算入されるという意味にはなりません。

　例えば、所定労働時間が９：00〜18：00までの会社において、従業員の全員がぴったり９：00と18：00に打刻することは非現実的でしょう。また、オフィスの入室時刻と同時に業務を行うことも非現実的で

しょう。そう考えれば、「社内での在室時間」「タイムカードの打刻時間」と現実の労働時間には、若干のタイムラグが存在すると考えるほうが自然なのではないでしょうか。ですから、賃金支払の対象となる労働とは「在室時間」でなく、「実際に労働していた時間」であるということを社内で共有し、かつ就業規則にも明記しておくことが必要です（もちろん、現実に業務を行った部分については1分単位で労働時間に含める必要があります）。

2 始業前、終業後に不必要に会社に残らないよう徹底する

　在室時間やタイムカードの打刻時間と労働時間にタイムラグがあるといっても、これが著しく大きい場合は、実態的には労働時間であると疑われるリスクは高くなります。これを避けるには、始業前、終業後には不必要に社内に在籍しないように周知する必要があります。また、タイムカードの打刻についても、現実の時間と大きく異なる時間に行うことがないよう、極力、業務開始前に打刻、業務終了直後に打刻するよう教育を行うことが必要です。

　もし、在室時間やタイムカードの打刻時間と現実の労働時間に大きな差異（目安としては15分以上）がある場合は、その理由を明確にしたものを記録として残しておくようにしましょう。もちろん、タイムカードだけ打刻させて、自主活動と称してその後業務を行わせるようなことがないようにしなければならないのは言うまでもありません。

3 時間外労働は会社の命令によって行うものだということを共有する

　ITエンジニアの中には、品質を追求するあまり、労働時間が長くなってしまうこともあります。「よりよいものを作りたい」という気持

ちや責任感の高さはすばらしいことですが、健康を害してしまっては
なりません。ですから、時間外労働は、自己の判断で行うものではな
く、会社の判断に基づいて行うべきものである、ということを周知す
る必要があります。それは、会社を守るという意味だけでなく、従業
員保護という意味からも大切なことです。

　会社が管理するということは、実務上はプロジェクトマネージャー
やプロジェクトリーダーなどプロジェクトを管理する人がこの労働時
間の管理を行うこととなります。ですから、基本的な時間管理の知識
については、人事担当者だけでなく現場のリーダーも理解しておく必
要があります。長時間労働が問題視される業種であるからこそ現場の
マネージャーやエンジニア自身が労務管理についての知識を身に付け
られるよう会社としてサポートすることが必要です。教育の機会を与
えることや評価に組み込むなどの措置も有用でしょう。

 ## 4 労働時間に該当するのかしないのか、判断の曖昧な時間についての認識を共有する

　労働時間か否か判断の難しいものについて、「労働時間の考え方：
「研修・教育訓練」等の取扱い」として厚生労働省からポイントが示さ
れていますので、いくつかご紹介しましょう。

労働時間に該当する例：

・使用者が指定する社外研修について、休日に参加するよう指示され、
　後日レポートの提出も課されるなど、実質的な業務指示で参加する
　研修。
・自らが担当する業務について、あらかじめ先輩社員がその業務に従
　事しているところを見学しなければ実際の業務に就くことができな
　いとされている場合の業務見学。

労働時間に該当しない例：

・終業後の夜間に行うため、弁当の提供はしているものの、参加の強制
　はせず、また、参加しないことについて不利益な取扱いもしない勉
　強会。
・労働者が、会社の設備を無償で使用することの許可をとった上で、自
　ら申し出て、一人でまたは先輩社員に依頼し、使用者からの指揮命
　令を受けることなく勤務時間外に行う訓練。
・週1回交代で、夜間の緊急対応当番を決めているが、当番の労働者は
　社用の携帯電話を持って帰宅した後は自由に過ごすことが認められ
　ている場合の当番日の待機時間。
・交通混雑の回避や会社の専用駐車場の駐車スペースの確保等の理由
　で労働者が自発的に始業時刻より前に会社に到着し、始業時刻まで
　の間、業務に従事しておらず、業務の指示も受けていないような場
　合。

　厳密にはケースバイケースの判断が必要とはなりますが、判断基準
の参考になるでしょう。

2 労働時間の正しい記録、把握

1 労働時間を正しく記録することの目的

　労務管理上、正しい労働時間の記録が必要であることは言うまでもありませんが、主な目的は次のようなものになります。

・時間外労働上限の遵守（三六協定の遵守）
　→違法な長時間労働を発生させないようにするため
・未払残業代対策
　→正しい割増賃金の計算を行うため
・安全配慮義務の遵守
　→著しい長時間労働の発生状況を把握し、指導及び面接指導その他の対策を講じるため
・メンタルヘルスケア対策
　→メンタルヘルス不調の早期発見のため（184ページ参照）

　労働安全衛生法においては、従業員の労働時間についての客観的な把握を行うことが義務付けられています。長時間労働の発生状況に応じて、健康を害したり過労死に至ったりしないよう、必要に応じた対応を行う必要があるからです。

2　労働安全衛生法で定める労働時間の記録方法

　労働時間の把握については、具体的には次のように定められています。

①　労働時間の客観的な把握方法の原則

　原則として、次のような方法で日ごとの出退勤時刻や入退室時刻の記録を行う必要があります。

　・タイムカードによる打刻
　・パソコン等の使用時間（ログインからログアウトまでの時間）
　・事業主、上司の現認

②　やむをえず客観的な方法により把握し難い場合

　本人の自己申告による把握が考えられるとされています。例えば、客先への直行直帰にて、労働時間の把握が困難である場合などが挙げられます。自己申告によって労働時間を把握する場合は、次ページ**図表6-1**のすべての措置を行うことが必要です。

◆図表 6 - 1　やむをえず労働時間の把握を自己申告により行う場合の措置

ア	自己申告制の対象となる労働者に対して，労働時間の状況の実態を正しく記録し，適正に自己申告を行うことなどについて十分な説明を行うこと。
イ	実際に労働時間の状況を管理する者に対して，自己申告制の適正な運用を含め，講ずべき措置について十分な説明を行うこと。
ウ	自己申告により把握した労働時間の状況が実際の労働時間の状況と合致しているか否かについて，必要に応じて実態調査を実施し，所要の労働時間の状況の補正をすること。
エ	自己申告した労働時間の状況を超えて事業場内にいる時間又は事業場外において労務を提供し得る状態であった時間について，その理由等を労働者に報告させる場合には，その報告が適正に行われているかについて確認すること。 　その際に，休憩や自主的な研修，教育訓練，学習等であるため労働時間の状況には該当しないと報告されていても，実際には，事業者の指示により業務に従事しているなど，事業者の指揮命令下に置かれていたと認められる時間については，労働時間の状況として扱わなければならないこと。
オ	自己申告制は，労働者による適正な申告を前提として成り立つものです。このため，事業者は，労働者が自己申告できる労働時間の状況に上限を設け，上限を超える申告を認めないなど，労働者による労働時間の状況の適正な申告を阻害する措置を講じてはならないこと。 　また，時間外労働時間の削減のための社内通達や時間外労働手当の定額払等労働時間に係る事業場の措置が，労働者の労働時間の状況の適正な申告を阻害する要因となっていないかについて確認するとともに，その阻害要因となっている場合においては，改善のための措置を講ずること。 　さらに，労働基準法の定める法定労働時間や時間外労働に関する労使協定(いわゆる36協定)により延長することができる時間数を遵守することは当然ですが，実際には延長することができる時間数を超えて労働しているにもかかわらず，記録上これを守っているようにすることが，実際に労働時間の状況を管理する者や労働者等において，慣習的に行われていないかについても確認すること。

出典：厚生労働省：「「産業医・産業保健機能」と「長時間労働者に対する面接指導等」が強化されます。」より抜粋

　ただし、次のような場合は自己申告での労働時間把握は認められていません。

- ・外出先からでも社内システムにアクセスすることが可能であり、労働時間の把握が可能な場合
- ・パソコンの使用時間の記録などのデータがある場合
- ・上司の現認によって労働時間を把握できる場合

　申告のタイミングとしては、その日の労働時間の状況を翌労働日ま

でに行うことが望ましいとされています。毎日の申告が困難な場合は、数日単位で報告することまでが否定されるわけではありませんが、三六協定の遵守（76ページ参照）や健康確保の観点からも、できるだけリアルタイムに把握しておくことが必要です。

③　記録の保管

記録は一定期間保存する必要があります。紙でなく電子データでの保存も可能です。

④　労働時間把握の対象者

対象は、労働者として会社に雇用される人全員です。気を付けなければならないのは、裁量労働制の適用を受ける者や管理監督者などについても労働時間の把握義務が発生するということです。労働時間を把握するからといって、残業代が発生するというわけではありません。なぜなら、裁量労働制の適用を受ける者や管理監督者について労働時間の記録を行うことの大きな目的は、残業代支給の根拠となる時間の算定のためではなく健康管理上の問題だからです。

裁量労働制の適用を受ける者や管理監督者であっても会社として労働者に対する「安全配慮義務」があるのは、他の労働者と同様です。長時間労働による健康障害が起きないようケアすることが必要だからです。

また、管理監督者であっても深夜労働を行った場合には、深夜割増賃金は発生するため、こういった意味からも労働時間を把握することが必要となります。

⑤　労働時間把握の事後措置

労働時間を把握したら、その状態に応じて適切な事後措置を行う必要があります。時間外・休日労働時間が月80時間を超える従業員については次の措置を行う必要があります。

・従業員本人へ時間外・休日労働に関する情報の通知
・従業員本人から申出があった場合に、医師の面接指導を受けさ
　せること

・従業員本人への時間外・休日労働に関する情報の通知

　時間外・休日労働の合計時間数が月80時間を超えた場合は、労働者本人に対して時間外・休日労働時間数を通知しなければなりません。これは疲労の蓄積がある労働者に対する面接指導の申出を促すためです。給与明細に時間外労働時間が記載されている場合は、これを通知に変えることができます。

・従業員本人から申出があった場合に、医師の面接指導を受けさせること

　時間外・休日労働時間の合計が月80時間を超え、かつ疲労の蓄積が認められる労働者が申し出た場合、医師による面接指導を行う義務があります。

　そうはいっても、労働者自身が疲労の蓄積度を判断するのが難しい、または申出しにくいということもあるでしょう。そのような場合には、厚生労働省から提供されている「疲労蓄積度のチェックリスト」を活用して、積極的に対象者を抽出し、呼びかけを行っていくことが可能です。

　例えば、時間外労働時間数が一定を超える労働者に全員配付し、本人が自身の疲労に気付きやすくすることや疲労度が一定レベルを超える従業員には、申出がなくても一律面接指導の対象とするというような運用を行うことができます。

　厚生労働省が提供する「疲労蓄積度のチェックリスト」の様式は次のとおりです。

◆図表6-2　疲労蓄積度チェックリスト

疲労蓄積度のチェックリスト（例）

※長時間労働者に対する面接指導の際に使用可能

・あらかじめ労働者に記入してもらい、医師又は他の産業保健スタッフが採点します。
・疲労蓄積度のチェック結果の取扱いについては、13ページの（2）①を参照してください。

（1）最近1か月間の自覚症状について、各質問に対し最も当てはまる項目をチェックしてください。

1. イライラする	□ ほとんどない（0）	□ 時々ある（1）	□ よくある（3）
2. 不安だ	□ ほとんどない（0）	□ 時々ある（1）	□ よくある（3）
3. 落ち着かない	□ ほとんどない（0）	□ 時々ある（1）	□ よくある（3）
4. ゆううつだ	□ ほとんどない（0）	□ 時々ある（1）	□ よくある（3）
5. よく眠れない	□ ほとんどない（0）	□ 時々ある（1）	□ よくある（3）
6. 体の調子が悪い	□ ほとんどない（0）	□ 時々ある（1）	□ よくある（3）
7. 物事に集中できない	□ ほとんどない（0）	□ 時々ある（1）	□ よくある（3）
8. することに間違いが多い	□ ほとんどない（0）	□ 時々ある（1）	□ よくある（3）
9. 仕事中、強い眠気に襲われる	□ ほとんどない（0）	□ 時々ある（1）	□ よくある（3）
10. やる気が出ない	□ ほとんどない（0）	□ 時々ある（1）	□ よくある（3）
11. へとへとだ（運動後を除く）	□ ほとんどない（0）	□ 時々ある（1）	□ よくある（3）
12. 朝、起きた時、ぐったりした疲れを感じる	□ ほとんどない（0）	□ 時々ある（1）	□ よくある（3）
13. 以前とくらべて、疲れやすい	□ ほとんどない（0）	□ 時々ある（1）	□ よくある（3）

〈自覚症状の評価〉　各々の答えの（　）内の数字を全て加算して下さい。　**合計　　点**

I	0～4点	II	5～10点	III	11～20点	IV	21点以上

（2）最近1か月間の勤務の状況について、各質問に対し最も当てはまる項目をチェックしてください。

1. 1か月の時間外労働	□ ない又は適当（0）	□ 多い（1）	□ 非常に多い（3）
2. 不規則な勤務（予定の変更、突然の仕事）	□ 少ない（0）	□ 多い（1）	－
3. 出張に伴う負担（頻度・拘束時間・時差など）	□ ない又は小さい（0）	□ 大きい（1）	－
4. 深夜勤務に伴う負担（★1）	□ ない又は小さい（0）	□ 大きい（1）	□ 非常に大きい（3）
5. 休憩・仮眠の時間数及び施設	□ 適切である（0）	□ 不適切である（1）	－
6. 仕事についての精神的負担	□ 小さい（0）	□ 大きい（1）	□ 非常に大きい（3）
7. 仕事についての身体的負担（★2）	□ 小さい（0）	□ 大きい（1）	□ 非常に大きい（3）

★1：深夜勤務の頻度や時間数などから総合的に判断して下さい。深夜勤務は、深夜時間帯（午後10時－午前5時）の一部または全部を含む勤務を言います。
★2：肉体的作業や寒冷・暑熱作業などの身体的な面での負担

〈勤務の状況の評価〉各々の答えの（　）内の数字を全て加算してください。　**合計　　点**

A	0点	B	1～2点	C	3～5点	D	6点以上

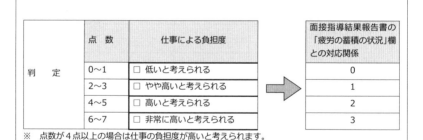

（3）総合判断

　次の表を用い、（1）自覚症状の評価、（2）勤務の状況の評価結果から、仕事による負担度の点数（0〜7）を求めてください。

仕事による負担度点数表

		勤務の状況			
		A	B	C	D
自覚症状	I	0	0	2	4
	II	0	1	3	5
	III	0	2	4	6
	IV	1	3	5	7

※　上記（1）、（2）のチェックリストでは、糖尿病や高血圧症等の疾病がある方の場合は判定が正しく行われない可能性がありますので、「心身の健康状況、生活状況等の把握のためのチェックリスト（例）」（23頁）等のチェック結果も含めて評価を行ってください。

⇨　仕事による負担度の点数は　　　　　　　　　　点（0〜7）

判　定	点　数	仕事による負担度	面接指導結果報告書の「疲労の蓄積の状況」欄との対応関係
	0〜1	□ 低いと考えられる	0
	2〜3	□ やや高いと考えられる	1
	4〜5	□ 高いと考えられる	2
	6〜7	□ 非常に高いと考えられる	3

※　点数が4点以上の場合は仕事の負担度が高いと考えられます。

出典：「疲労度蓄積度のチェックリスト」（厚生労働省HPより）

　面接指導を行う医師は、事業場で選任されている産業医がいる場合は、産業医に依頼するのがよいでしょう。産業医の選任義務がない規模の事業場（労働者50人未満）の場合は、地域産業保健センターを利用することができます。

※　なお、面接指導の義務については、従来は月労働時間100時間を超えた労働者が対象でしたが、法改正により、2019年4月からは月80時間となることになりました。

3 ITエンジニアの労働時間の記録方法

　ITエンジニアの労働時間の記録については、クラウド型労務管理システムを利用するのが便利でしょう。理由は次の3つです。

　まず1つ目は、物理的にタイムカードの設置が困難なケースがあることです。客先常駐作業を行っている技術者については、客先に自社のタイムカードを設置することは困難でしょう。パソコンの使用時間についても、作業用のパソコンが常駐先の機器に限定されている場合、常駐先のパソコンの作業時間を把握することは困難であると想定されるため、別途労働時間を記録することができるツールが必要です。クラウド型労務管理システムであれば、個人のスマートフォンから出勤、退勤打刻を行ったり、自分のパソコンでなくてもブラウザさえ使用できればweb上で打刻を行うことも可能になります。

　2つ目は、人事やマネージャーがリアルタイムに労働時間を把握し、過重労働管理、三六協定の遵守を効果的に行うことができるようにするためです。紙やエクセルでの自己申告での管理では、月半ばでの勤務実態がわかりません。勤怠を締めてみたらすでに三六協定で定める上限時間を超えていたということも考えられます。これを防ぐには、月半ばでもリアルタイムに勤務時間を確認できることや一定時間を超えそうな場合にはアラートを上げられるような仕組みが必要です。メンタルヘルスケアのことを考えても、人事が遠隔地からでもリアルに労働時間の把握ができれば異変に早く気付くことが可能となります。

　3つ目は、事務処理効率化のためです。多くのクラウド型勤怠管理システムでは、時間外労働の申請、有給休暇の申請、遅刻早退の申請等をシステムで行うことができるようになっているため、労務管理上必要な申請等をスムーズに行うことが可能となります。

　また、ITエンジニアは、勤務地が不特定多数かつ変動が多いことがあるために、通常のやり方では人事担当者としては毎月の勤務表の回

収だけでも時間がかかります。それに加え、業務委託開発における労働時間については、客先に提出するタイムシートしか使用していない場合は客先ごとの異なるフォームに記載されたタイムシートを人事担当者が給与計算用にまとめて集計を行っていたり、一人で複数プロジェクトに参画しているエンジニアの労働時間の集計作業などを行っていたりすることがあり、膨大な作業に忙殺されることになります。クラウド型労務管理システムであれば、これらの課題を効率的に解決できることになります。

3 時間外労働を行う際の手続きの明確化（申請、承認）

時間外労働については、本人に任せるのではなく上司が判断することが必要です。これにより、長時間労働の発生や未払残業代の発生を会社側で管理できるようにする必要があります。

1 時間外労働を行う際の手続き

時間外労働を行う際は、次の手続きを徹底しましょう。

- ・上司から時間外労働についての命令を行うこと
- ・やむを得ず本人の判断で時間外労働を行う場合は、申請の上、上司の許可を得ること

2 時間外労働申請の方法

残業の申請、承認については口頭でなく必ず書面または勤怠管理システムの機能を利用するなど、管理のプロセスが記録に残る形で行いましょう。できればクラウドシステムの利用等によって、現場のマネージャーと人事担当者の双方がリアルに状況を確認できるようにしておくことが好ましいです。

なぜなら、長時間労働の状況に対して人事担当者もフォローを行うことが可能になるからです。また、時間外労働に対して会社として適切な対応を行っていることを形に残すことが会社のリスク管理上必要であることは言うまでもないでしょう。

3 現場から反発があった場合は

　時間外労働に対して申請・承認のプロセスを設けることは、導入当初は現場エンジニアの反発を買うこともあるでしょう。忙しいから時間外労働をしているのに、いちいち申請して承認を得るという行為が面倒ですし、その時間がもったいないという意見が出ることも珍しくありません。また、システムトラブルにおいては、どうせ対応しなければならないのだから申請承認を行うことそのものが無意味、などです。しかし、現場の反発にはめげずに地道に続けましょう。

　なぜなら、本来時間外労働を指示・管理するのは会社側であるということを上司であるマネージャー、作業を行うエンジニア双方が常に意識していく必要があるからです。最初は反発があっても、そのうち慣れます。

第7章

メンタルヘルスケアへの
取組み

1 ITエンジニアと メンタルヘルス不調

1 データで見るメンタルヘルス不調

　長時間労働と並んで、ITエンジニアに発生しやすいといわれる問題として、メンタルヘルス不調に関するものがあります。実際はどのようになっているのか数値で見てみましょう。

◆図表7-1　過去1年間にメンタルヘルス不調により連続1か月以上休業した労働者割合

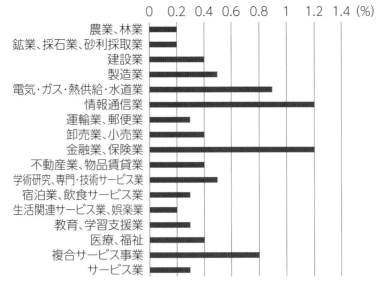

出典：平成29年「労働安全衛生調査（実態調査）」（厚生労働省）より筆者作成

図表7-1を見ると、過去1年間にメンタルヘルス不調により連続1か月以上休業した労働者の割合は、情報通信業が1.2%と、他の産業に比べて高いことがわかります。

　メンタルヘルス不調の原因として一般的にいわれる要因としてはどのようなものがあるのでしょうか。「脳・心臓疾患及び精神障害等に係る労災補償状況について」（平成30年、厚生労働省）によると、精神障害の出来事別支給決定件数は次のようになっています。

◆図表7-2　精神障害の出来事別支給決定件数

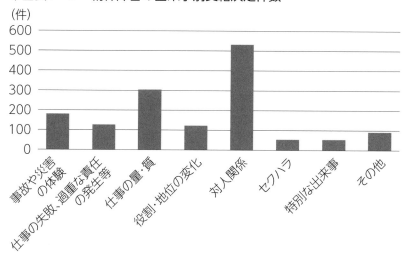

出典：「脳・心臓疾患及び精神障害等に係る労災補償状況について」（平成30年、厚生労働省）より

　最も多いのが「対人関係」で、次が「仕事の量・質」であることがわかります。では、ITエンジニアにとってのメンタル不調をもたらす要因にはどのようなものがあるでしょうか。

2 ITエンジニアにメンタルヘルス不調が多いのはなぜか

　ITエンジニアがメンタルヘルス不調に陥りやすい理由としては、次の３つが挙げられます。

① 長時間労働、不規則な勤務が発生しやすいこと

　システム開発作業は、長時間労働が発生しやすく、システムのインストールや保守作業においては、ユーザーに影響を与えないために深夜作業が求められるものもあります。さらに、障害対応等不規則な勤務が発生しやすいなど、肉体的に疲労が蓄積しやすい環境の中で行われています。

　長時間労働はメンタルヘルス不調にも影響を与えるものといわれていますが、その要因の一つとして、長時間労働による睡眠不足が影響するとされています。メンタルヘルスを良好に保つ及び脳血管疾患を防ぐためには、睡眠時間は少なくとも６時間以上確保することが望ましいといわれています。

　次のグラフは、睡眠時間と抑うつ状態（うつ病までには至っていないが、うつ病の症状がいくつか継続している状態）との関連を示したものです（CESD：抑うつ状態の指標）。

◆図表7-3　労働者における睡眠時間と抑うつ状態

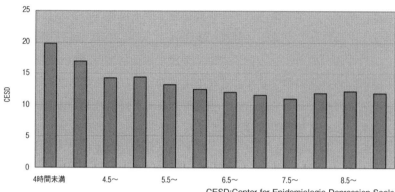

CESD:Center for Epidemiologic Depression Scale

出典：「過重労働とメンタルヘルス（島悟）」厚生労働省ホームページ　「こころの耳」より

　図表7-3を見ると、睡眠時間が短くなるほどメンタルヘルス不調を発生しやすいということがわかります。

　当然のことながら、著しい長時間労働が発生している状況では、睡眠時間の確保が難しくなります。時間外労働を1日4時間行うと、睡眠時間6時間、5時間行うと睡眠時間5時間になるともいわれています。長時間労働が発生しやすく、不規則な勤務により安定的な睡眠を確保しにくい傾向のあるITエンジニアにとっては、メンタルヘルスを良好に保つには不利な環境といえるでしょう。

②　ストレス要因が多いこと

　ITエンジニアは、非常にストレス要因となりやすい環境におかれています。原因は大きく3つに分けられます。「作業の特殊性」「対人関係の特殊性」「キャリアパスと求められる能力の不一致」です。

1）作業の特殊性

　システム開発という作業そのものが、「0」と「1」とを扱うとい

う非常に繊細な作業です。さらにシステムが普及した現代においては、ボタン一つで何万人への影響が発生する可能性もあるなど、作業の一つひとつが非常に精神的緊張の大きいものでもあります。

さらに、納期がひっ迫する中、度重なる仕様変更に振り回され、追い詰められていきます。それでありながら、プログラム作成以降の工程になればなるほど切り出された部分だけの作業となるため、システムの全体像や客先で稼動しているイメージを持てず、自分が今行っている作業の意味もわからないまま、歯車としてコンピュータとの機械語での対話が続くことになります。

2）対人関係の特殊性

客先常駐で作業を行うスタイルが多いということは、システム開発作業の特徴的な要素の一つです。常駐作業では常に他社の人間と一緒に業務をしているということになります。

短期間で異動を繰り返す例もあります。このような場合は、やっと慣れて客先の担当者とも仲良くなってきたかという頃に別の職場に異動ということも珍しくはありません。

同じ会社の同僚とチームで常駐する場合は仲間も相談相手もいますが、客先には一人で常駐することもあります。一人常駐の場合は、相談相手どころか雑談する相手も一緒にご飯を食べる相手もいないこともあります。このように、信頼できる人間関係から切り離された中で客先担当者から無理な要求を突き付けられても、一人で対応しなければならなくなってしまいます。

3）キャリアパスと求められる能力の不一致

よくあるITエンジニアのキャリアパスとして、大まかにプログラマー⇒SE⇒プロジェクトリーダー⇒プロジェクトマネージャー、という流れでステップアップを図る例がありますが、作業者としてのエンジニアとプロジェクトリーダー、プロジェクトマネージャー

とでは求められる役割が大きく異なります（26、27ページ参照）。

プロジェクトマネージャーは、チーム内のメンバー、客先担当者などさまざまな人材と折衝や調整を行い、プロジェクト内の人・物・金を管理する立場となります。これはもしそのエンジニアが技術を追求したいと考えていたとすれば、そのエンジニアにとっては大きなストレスとなります。

本来はプロジェクトマネジメントについての教育を行うことや能力開発をバックアップする仕組みが必要ですが、技術力の向上だけを基準にリーダー職に就かされることも珍しくはありません。

これまで技術を追求していたエンジニアが突然部下を持たされるとすれば、何をすればよいかわからないのも当然です。

このような状況は、リーダー職を目指したいエンジニアにとっても大きな負担と緊張感を強いることになります。そして、上司にしてみれば何をしてよいかわからない、部下にしてみれば、適切なフォローを受けることができないというお互いのストレスを増長することになります。

③　メンタルヘルスケア体制の構築が難しいこと

客先常駐での作業スタイルは、会社としてのメンタルヘルス体制の構築が困難になるということでもあります。人事から見ると、従業員がどのような様子でどのような状況で勤務しているのか見えにくく、状況把握がしにくくなるからです。

また、人事のケアが届きにくいだけでなく、同じ会社の社員とも何年も顔を合わせたことがないという例もあります。案件ごとにプロジェクトリーダーが変わることもあり、リーダーからメンバーへのフォローが行いにくいということもあります。

産業医面談などを設定しようにも、納期間近で追い詰められている従業員にプロジェクトを休ませて本社に出社させるのは、並大抵のことではなく面談そのものが実現困難になることもあります。

こういった状況で、信頼関係のある人間関係から隔絶され、物理的にも心理的にも同僚、上司、人事から遠ざかってしまい、SOS を出す先がなく、一人ですべてを抱えざるを得なくなっていきます。

　その他、情報通信関連の仕事のストレスをもたらしやすい要因については、次のようなものが挙げられています。

◆情報通信関連の仕事のストレッサー

情報通信関連の仕事のストレッサー

1. 納期・人員不足
   ✓ 納期の設定が短すぎる
   ✓ いつも納期に追われて仕事している
   ✓ 仕様変更やトラブルがあっても納期を変えられない
   ✓ チームの人員が不足している
   ✓ 十分な人員や機材もなく仕事を割り当てられる

2. チーム運営
   ✓ チーム内で情報が十分に共有されていない
   ✓ リーダーとメンバーのコミュニケーションが不足している
   ✓ チーム内の仕事の割り当てが不公平である
   ✓ メンバーの能力差が大きい

3. 経験・知識不足
   ✓ 経験がない仕事で手探りで先の見えないことが多い
   ✓ 顧客の業務に関する知識が不足している
   ✓ 経験が浅いのに能力以上の役割を求められる
   ✓ 仕事に必要な技能や知識の教育機会や勉強時間が不足している
   ✓ 今のプロジェクト全体の進捗と見通しがよくわからない
   ✓ 今の仕事の経験や技術を次の仕事にうまく生かせない

4. 顧客の要求
   ✓ 顧客からのクレームが多い
   ✓ 顧客の要求が厳しい
   ✓ 顧客から必要な情報が十分に得られない

5. 顧客・職場の人間関係
   ✓ 顧客から感謝されることがない
   ✓ 顧客と対等な立場で仕事ができていない
   ✓ 職場には困ったときに助け合う雰囲気がない

6. 役割曖昧さ
   ✓ 自分の責任が何であるかわかっていない
   ✓ 自分に何を期待されているか正確にわかっていない
   ✓ 自分の仕事には明確な目標や目的がない

7. 役割葛藤
   ✓ ある人には受け入れられるが他の人には受け入れられないことが多い
   ✓ 複数の人からお互いに矛盾したことを要求される

8. 業界の評価・将来性
   ✓ 業界が社会的に高く評価されていない
   ✓ この業界の将来の見通しは明るくない

※出典：厚生労働科学研究費補助金労働安全衛生総合研究事業「職業性ストレス簡易調査票及び労働者疲労蓄積度自己診断チェックリストの職種に応じた活用法による研究　情報通信技術者のストレス対策マニュアル　原谷隆史」

2 メンタルヘルスケアに対応すべき理由

　メンタルヘルスについては個人の問題なのではないか、なぜ会社がケアしなければならないのかという質問を受けることがあります。その理由は次の3つです。

1　法律で定められているため
2　命を守るため
3　プロジェクトの円滑な進行のため

---

1 法律で定められているため

　事業主には、法律上、労働者に対する「安全配慮義務」が課されていることは70ページで述べたとおりですが、メンタルヘルスケアについても同様です。

　業務が原因でメンタルヘルス不調を引き起こすようなことがないように、または原因が業務と関係ないものであったとしても、メンタルヘルス不調に陥った従業員が健康を損わずに就業できるよう配慮する必要があります。

2 命を守るため

　うつ病で自殺するという痛ましい事件が起こっています。メンタルヘルスケアは、従業員の命を守るという視点が重要であることは言うまでもありません。

3 プロジェクトの円滑な遂行のため

　メンタルヘルスケアについては、法律で定められていること及び従業員が心の健康を保ちその能力を発揮して活躍できることは従業員にとってはもちろんですが、プロジェクトの遂行にとっても重要なことです。

　もしもプロジェクトメンバーの一人がメンタルヘルス不調でプロジェクトから離脱しなければならないとしたら、その分は他のメンバーがカバーしなければならず、肉体的、精神的に大きな負担を与えることになります。その結果、周囲のメンバーが新たにメンタルヘルス不調を抱えてしまうという悪循環に陥ってしまうこともあります。プロジェクトの遂行において一人を守るということは、他のすべてのメンバーを守るということと同義です。

　社内の他のメンバーを配置できればよいのですが、必ずしもそれが可能とは限りません。一人常駐の従業員が不調をきたす場合はさらに深刻です。他の要員を配置できなければ、金銭で解決するしかありません。

　このように考えると、メンタルヘルスケアへの取組みは、働きやすい職場の形成、従業員保護という観点だけでなく、プロジェクト及び会社を守るという経営的視点からも非常に重要であるといえます。

3　精神障害と労災認定基準

　従業員が精神疾患を発症した場合、会社での業務に関連して発病したと判断されれば「労災」となります。精神障害と労災との関係について、厚生労働省からは「心理的負荷による精神障害の認定基準」（H23.12）において一定の基準が示されています。

　労災認定の要件は、次のとおり定められています。

---

① 認定基準の対象となる精神障害を発病していること
② 認定基準の対象となる精神障害の発病前おおむね6か月の間に、業務による強い心理的負荷が認められること
③ 業務以外の心理的負荷や個体側要因により発病したとは認められないこと

出典：「精神障害の労災認定」（厚生労働省）より

---

①　認定基準の対象となる精神障害について

　対象になる精神障害は、ICD-10（国際疾病分類第10回修正版）にて分類される精神障害であって、次のものとなります。

分類コード	疾病の種類
F 2	統合失調症、統合失調症型障害および妄想性障害
F 3	気分［感情］障害
F 4	神経症性障害、ストレス関連障害および妄想性障害
F 5	生理的障害および身体的要因に関連した行動症候群
F 6	成人のパーソナリティおよび行動の障害
F 7	精神遅滞［知的障害］
F 8	心理的発達の障害
F 9	小児期及び青年期に通常発症する行動及び情緒の障害、特定不能の精神障害

このうち、業務に関連して発病する可能性として代表的なものとして、うつ病（F3）、急性ストレス反応（F4）などが挙げられています。

② 発病前概ね6か月間の間に、「業務による強い心理的負荷」があったかどうか

「業務による強い心理的負荷」に該当するかどうかについては、具体例が示されています。例えば、長時間労働については該当する例として次のラインが示されています。

発病前の期間	時間外労働時間数
発病直前の3週間	概ね120時間以上
発病直前の1か月間	概ね160時間以上
発病直前の2か月間	1月あたり概ね120時間以上
発病直前の3か月間	1月あたり概ね100時間以上

その他、出来事の具体例として挙げられている一覧の一部が次ページ**図表7-4**です。

◆図表7-4　業務による心理的負荷評価表

複数の組み合わせにより該当　　　　　　　　　　　1つでも当てはまれば該当

出来事の類型	平均的な心理的負荷の強度		心理的負荷の総合評価の視点	心理的負荷の強度を「弱」「中」「強」と判断する具体例		
	具体的出来事	心理的負荷の強度 Ⅰ Ⅱ Ⅲ		弱	中	強
11	顧客や取引先から無理な注文を受けた	☆	・顧客・取引先の重要性、要求の内容等 ・事後対応の困難性等	【「弱」になる例】 ・同種の経験等を有する労働者であれば達成可能な注文が出され、業務内容・業務量に一定の変化があった ・要望が示されたが、達成を強く求められるものではなく、業務内容・業務量に大きな変化もなかった	○ 顧客や取引先から無理な注文を受けた 【「中」である例】 ・業務に関連して、顧客や取引先から無理な注文（大幅な値下げや納期の繰上げ、重要な設計変更等）を受け、何らかの事後対応を行った	【「強」になる例】 ・通常なら拒むことが明らかな注文（業績の著しい悪化が予想される注文、違法行為を内包する注文等）ではあるが、重要な顧客や取引先からのものであるためこれを受け、他部門や別の取引先と困難な調整に当たった
12	顧客や取引先からクレームを受けた	☆	・顧客・取引先の重要性、会社に与えた損害の内容、程度 ・事後対応の困難性等 （注）この項目は、本人に過失のないクレームについて評価する。本人のミスによるものは、項目4で評価する。	【「弱」になる例】 ・顧客等からクレームを受けたが、特に対応を求められるものではなく、取引関係や、業務内容・業務量に大きな変化もなかった	○ 顧客や取引先からクレームを受けた 【「中」である例】 ・業務に関連して、顧客等からクレーム（納品物の不適合の指摘等その内容が妥当なもの）を受けた	【「強」になる例】 ・顧客や取引先から重大なクレーム（大口の顧客等の喪失を招きかねないもの、会社の信用を著しく傷つけるもの等）を受け、その解消のために他部門や別の取引先と困難な調整に当たった
13	大きな説明会や公式の場での発表を強いられた	☆	・説明会等の規模、業務内容と発表内容のギャップ、強要、責任、事前準備の程度等		○ 大きな説明会や公式の場での発表を強いられた	【解説】 説明会等の内容や事前準備の程度、本人の経験等から評価するが、「強」になることはまれ
14	上司が不在になることにより、その代行を任された	☆	・代行した業務の内容、責任の程度、本来業務との関係、能力・経験とのギャップ、職場の人間関係等 ・代行期間等		○ 上司が不在になることにより、その代行を任された	【解説】 代行により課せられた責任の程度、その期間や代行した業務内容、本人の過去の経験等とのギャップ等から評価するが、「強」になることはまれ
③仕事の量・質 15	仕事内容・仕事の量の（大きな）変化を生じさせる出来事があった	☆	・業務の困難性、能力・経験と業務内容のギャップ等 ・時間外労働、休日労働、業務の密度の変化の程度、仕事内容、責任の変化の程度等 （注）発病前おおむね6か月において、時間外労働時間数に変化がみられる場合には、他の項目で評価される場合でも、この項目でも評価する。	【「弱」になる例】 ・仕事内容の変化が容易に対応できるもの（※）であり、変化後の業務の負荷が大きくなかった ※　会議・研修等の参加の強制、職場のOA化の進展、部下の増加、同一事業場内の所属部署の統合、担当外業務としての非正規職員の教育等 ・仕事（時間外労働時間数等）に、「中」に至らない程度の変化があった	○仕事内容・仕事量の大きな変化を生じさせる出来事があった 【「中」である例】 ・担当業務内容の変更、担当量の急増等により、仕事内容、仕事量の大きな変化（時間外労働時間数としてはおおむね20時間以上増加し1月当たりおおむね45時間以上となるなど）が生じた	【「強」になる例】 ・仕事量が著しく増加して時間外労働も大幅に増える（倍以上に増加し、1月当たりおおむね100時間以上となる）などの状況になり、その後の業務に多大な労力を費した（休憩・休日を確保するのが困難なほどの状態となった等を含む） ・過去に経験したことがない仕事内容に変更となり、常に緊張を強いられる状態となった

出典：「精神障害の労災認定」（厚生労働省）より加工

これらの出来事の１つまたは複数の組み合わせによって、「業務による強い心理的負荷」があったとされることになります。

　例えば、表中の出来事として、

　「11：顧客や取引先から無理な注文を受けた」後に

　「15：時間外労働時間が20時間増加して月45時間以上になった」

　というような組み合わせは、現実にも想定しにくいことではないでしょう。

　この場合、心理的負荷「中」＋「中」の組み合わせとなりますが、労災認定においては、「中」＋「中」の組み合わせは、「業務による強い心理的負荷」があった、とされる可能性が高くなるとされています。

　このように見てみると、労災認定といっても特別なものではなく、通常のプロジェクト遂行の中で起きている身近な出来事の積み重ねであり、決して他人事ではないといえるのではないでしょうか。

メンタルヘルスケアでやるべきこと

　「従業員が「抑うつ状態」で「休業が必要」との診断書を持ってきたのですが、どのようにしたらよいのでしょうか？」

　このような相談をよく受けます。続けてよく聞かれるのは次のような言葉です。

　「甘やかしたら他の従業員に影響が出るのでは？」

　「気持ちの問題なのだから、もう少し頑張るよう応援すべきでしょうか？」

　結論から言えばこのような場合は、まずは速やかに診断書に従って休ませることが必要です。なぜならば、診断書で就業制限が出たまま勤務させている状態で事故が起きたとすれば、会社の責任が問われる可能性が高いからです。したがって、速やかに休ませつつ、次に事後対応を考えることが必要となります。

　ITエンジニアを抱える企業の人事担当者は、プロジェクトマネージャー経由でこのような連絡が入ることも少なくないでしょう。では、いざというときに困らないメンタルヘルスケア対策とは何なのでしょうか？

1 　企業が行うメンタルヘルスケア対策とは

　企業が行うメンタルヘルス対策とは、誰がどのルールに従って動くか、内部スタッフと外部専門家をコーディネートして動きをとるための体制を整備するということです。

最初に、メンタルヘルス不調の人についての接し方やストレスについてのセルフケアの研修を実施しようとする例が見られますが、まずは流れる血を止める仕組みがなければ問題発生時の対応がとれません。人事担当者は、精神医学の専門家ではありません。人事の役割は、カウンセラーになることではなく（もちろん、カウンセラーとしての知識や能力があることは好ましいことです）、出来事に応じた適切な関係者のコーディネーターとなることや、関係者が動きやすい仕組みや体制を構築することです。

　社内のメンタルヘルスケア体制の確立は、具体的には次のように進めます。

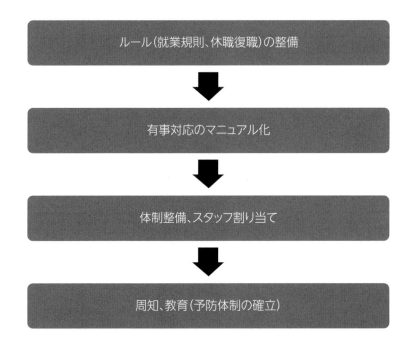

2　ルール（就業規則）や休職に関する　マニュアルの整備

　まずは、メンタルヘルス不調者が発生した場合にとりうる行動の基本となるルールを定める必要があります。メンタルヘルス不調者への対応については、会社主導で措置を行わなければならないことがあります。ですから、ルールを定めたら、その根拠としての就業規則の整備が必要です。例えば、下記のような内容について詳細に定めておくこととなります。

- ・休職回数や複数回休職した場合の通算休業可能期間
  - ⇒休職回数の制限がなく一度復職するたびに新たな休職の権利が発生し、何年も断続的に休職の状態が続いてしまうような場合があります。
- ・休職中の賃金支払
  - ⇒休職中は賃金支払の義務はありませんが、払う義務があると思い込んでいる場合があります
- ・休職中の療養専念義務
  - ⇒病気で休職しているはずの従業員が旅行に行っていたなどのトラブルがあります。
- ・復職判定権限は会社が持つこと、専門家の判断プロセスを残すこと

詳しくは本章の「休職」「復職」の項を参照してください。

3　有事対応のマニュアル化

　次に行うべきことは、問題が発生した場合に具体的に誰がどう動くかのマニュアルを作成することです。就業規則以外でも、運用上決めるべき事柄があります。例えば下記のようなものです。

- ・不調者を発見した場合の社内連絡や外部専門家との連携フロー

・休職中の社会保険料の従業員負担分の支払方法
・休職中の本人及び家族の連絡先の共有
⇒メンタルヘルス不調での休職の場合、突然連絡が取れなくなってしまう心配があります。家族の連絡先も含めて共有が必要です。
・休職復職のルールについて、コンパクトにまとめた資料の作成
⇒就業規則にルールが明記されていても、理解されていないことは多く、就業規則が社外持ち出し禁止となっていることも多いため、改めて資料を用意したほうがトラブル防止につながります。
・復職プログラムの作成
⇒復職の際にどのようなステップを踏んで復職してもらうかについてです。
こちらについても第8章で改めてご説明いたします。

4 体制整備、スタッフ割り当て

　ここまで定めたルールやマニュアルを具体的に誰がどのように実行するのか、担当者の割り当てや実行体制の整備を行います。
　「職場における心の健康づくり」（厚生労働省）では、メンタルヘルスケアの推進に関して、次ページ表の4つのケアを推奨しています。

種　類	内　容
ラインケア	管理監督者による部下のケアを指します。 ・「いつもと違う」部下の把握と対応 ・部下からの相談の対応 ・職場環境の改善 ・部下の職場復帰支援 などを行います。
セルフケア	従業員自ら、ストレス解消のための具体的ケアを行うことです。 ・ストレスへの対処法（運動や睡眠など） ・ストレスやメンタルヘルスに対する正しい理解 などについて会社は教育を行う必要があります。
社内スタッフによるケア （事業場内産業保健スタッフ等）	衛生管理者、産業医、人事労務担当者などが行うケアです。 ・具体的なメンタルヘルスケアの実施に関する企画立案 ・外部専門家との窓口 ・職場復帰支援 などを行います。
外部専門家によるケア （事業場外資源によるケア）	情報提供や助言を受けるなどのサービスの活用など

　これらのケアが適切に実施されるよう、関係者が相互連携していくことになります。

5　周知、教育、フォロー体制の確立

　ここまでの体制が整ったら、次は教育や情報提供、フォロー体制の構築です。まずは管理職向けのメンタルヘルスケア対応のためのラインケア研修、その次に従業員自身がストレス軽減などについて学ぶためのセルフケア研修を行うことなどが挙げられます。

周知・教育の中でもラインケアは非常に重要です。早期発見、フォロー、再発防止、各工程において重要な役割を担うからです。現場マネージャーの理解と協力をどこまで得られるかがメンタルヘルスケア成功の鍵となります。

　ITエンジニアを抱える企業では、従業員が客先でばらばらに作業していることが考えられるため、体制構築や教育を行うことが難しいのが特徴です。ですから、これらについては、衛生委員会（第8章参照）や帰社日（第9章参照）を活用するなどの工夫を行うことが効果的です。

　なお、休職は、従業員が自由に行使できる「権利」ではなく、会社が命令するものであるということを忘れないように共有しておきましょう。

5　休職・復職を金銭面で支える制度について

　傷病の療養に当たっては、従業員としてはその間の収入について大きく不安になるところです。私傷病により会社を休み、その間の給与が得られない場合には、給付を受けられる制度があります。それが「傷病手当金」です。休職と給付の関係を図にすると次のようになります。

◆図表7-5　休職と公的に受けられる給付の関係

①　傷病手当金の支給要件

　病気やけが（業務上の傷病を除く）で会社を休み、その間の給与が十分に支払われない場合に支給となります。

②　支給期間

　連続3日休んだ後（待期期間）、休業開始から4日目から最大1年6か月の間、となります。待期期間は土日が入っていても、有給休暇を消化したとしても構いません。

③　支給額

　大まかに言えば、月給×2/3程度の額、となりますが、詳細は下記となります。

　支給開始日の以前12か月間の健康保険の標準報酬月額を平均した額（※）÷30日×（2/3）

　※　正確には、上限その他細かい条件がありますので、詳細は加入中の健康保険組合にご確認ください。

　※　休んだ期間について事業主から傷病手当金の額より多い報酬額の支給を受けた場合には、傷病手当金は支給されません。

④　一度復職して再度休職したらどうなるのか

　再度傷病手当金を受給することが可能です。ただし、最大でも最初の支給開始日より1年6か月までとなります。

⑤　受給中に退職したらどうなるのか

　最初の支給開始日より1年6か月までの間であれば、退職しても受給を継続することができます。ただし、退職日以前1年以上健康保険に加入していた期間があることが必要です。

⑥　傷病手当金の支給が終わったらどうなるのか

　まだ休職中か既に退職後かにもよりますが、障害年金の申請、または雇用保険の基本手当（いわゆる失業手当）、を検討することとなります。必ずしも受給できるとは限りませんし、傷病の程度や退職の状況などの条件によって複雑に対応が変わってきますので、詳細は専門家に相談するとよいでしょう。

⑦　休職者にお金の話をできるようになりましょう

　休職する人は、身体の不調に加え生活への心配などさまざまな不安

を抱えています。収入が途絶える不安から、無理に就業を続けようとする従業員もいます。ですから、公的給付などがあるのであれば教えてあげて、1つでも不安を取り除き、安心して療養生活を過ごすことができるようにするのも休職サポートの重要な役割の1つです。

　また、残念ながら復職できずに退職しなければならない場合でも、退職後の保障としてどのようなものがあるのか、それらを説明して、1つでも未来への不安を取り除いてあげることも人事担当者の役割として大切であると思います。

6 休職制度の設計

1 休職制度とは

　休職制度とは、従業員が雇用関係を保ちつつ一定期間労働義務を免除される措置です。法律で定められた制度ではなく、会社の「任意」の制度です。しかし、大多数の会社では休職制度が設けられ、従業員の長期雇用を図っています。

　休職制度は「解雇猶予措置」ともいわれます。雇用契約上、従業員は労務を提供する義務がありますので、長期間労務を提供できないとなれば、場合によっては解雇事由にも相当することとなります。しかし、休職制度があることによって、解雇を猶予し、雇用関係を保ちつつ療養に専念することが可能になります。休職制度は、従業員、会社、双方にとってのメリットがあります。

従業員にとって	・一定期間会社に籍を置きながら療養に専念し、職場復帰に備えることができる。 ・傷病手当金（164ページ参照）を受給することによって生きるための収入を得つつ、療養することが可能になる。
会社にとって	・採用コストを無駄にせず、優秀な社員の雇用を維持、復帰を応援することができる

2　休職制度について決めるべきこと

　休職制度の設計に当たっては、いくつかの条件を定め、就業規則に規定することが必要です。

①　休職に入るための条件

　休職に入るための条件として、多くの会社では、「欠勤が〇日以上続いたとき」などと定められていますが、この日数には、土日も含まれるのか、有給休暇が含まれるのかなどに注意が必要です。

　一般的には、有給休暇は含まないこととされていますが、例えば、「欠勤1か月以上」と定めたとすれば、もし、対象従業員の有給休暇が20日余っていた場合、実際は、有給休暇を20日消化した後で1か月欠勤した場合、つまりは「ほぼ2か月まるまる会社を休んだ場合」ということになります。もしもそこまでの余裕がない場合は、「連続〇日間の欠務（有給休暇の使用を含む）」などと定めることもできます。

②　休職期間

　休職期間をどのくらいにするのが適切かについては、会社の判断にもよりますが、一般的な状況については**図表7‐6**統計が参考になるでしょう。

　従業員規模が大きい会社ほど休職期間の長めの傾向がありますが、正社員の規模が49名以下の会社においては3か月～1年6か月程度、1,000名以上の会社では6か月～3年間に集中していることがわかります。

　会社の創業期で人数が少ない時期に初めて就業規則を作成するに当たって、知人や大企業の例を流用して作成しているような場合は、この休職期間が大企業に合わせた長期間に設定されている例が見受けられます。休職期間中は、従業員が勤務していなくても会社としては社会保険料の会社負担分が発生します。病気の従業員をずっと抱えてい

◆図表7-6　病気休職制度の休職期間の上限
(単位＝％)

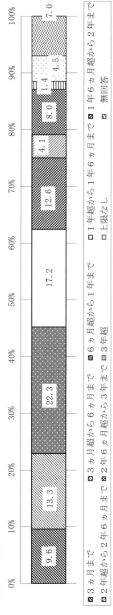

▨ 3 ヵ月まで　　▨ 3 ヵ月超から6 ヵ月まで　　▨ 6 ヵ月超から1 年まで　　□ 1 年超から1 年6 ヵ月まで
▨ 1 年6 ヵ月超から2 年まで　　▨ 2 年超から2 年6 ヵ月まで　　▨ 2 年6 ヵ月超から3 年まで　　□ 3 年超
■ 上限なし　　▨ 無回答

※病気休職制度がある企業を対象に集計。

	n	3 ヵ月まで	3 ヵ月超から6 ヵ月まで	6 ヵ月超から1 年まで	1 年超から1 年6 ヵ月まで	1 年6 ヵ月超から2 年まで	2 年超から2 年6 ヵ月まで	2 年6 ヵ月超から3 年まで	3 年超	上限なし	無回答	6 ヵ月以下計	1 年6 ヵ月超計
計	5428	9.6	13.3	22.3	17.2	12.6	4.1	8.0	1.4	4.5	7.0	22.9	26.1
＜正社員規模＞													
49人以下	1122	14.6	15.0	21.0	12.2	9.4	2.6	6.5	1.6	6.4	10.6	29.6	20.1
50〜99人	1980	11.5	14.7	23.6	16.6	11.1	2.8	5.9	0.9	5.6	7.3	26.2	20.7
100〜299人	1469	6.1	12.0	22.7	21.8	14.4	5.0	8.8	1.4	3.2	4.7	18.1	29.6
300〜999人	420	3.1	8.8	17.4	20.7	19.0	9.5	16.2	2.4	0.5	2.4	11.9	47.1
1000人以上	128	0.8	1.6	10.9	17.2	28.9	10.9	20.3	6.3	1.6	1.6	2.4	66.4
＜病気休暇制度の規定の有無＞													
病気休職制度の規定あり	4215	8.4	13.5	24.1	18.6	14.8	5.1	10.0	1.8	2.7	1.1	21.9	31.7
病気休職制度の規定なし	525	17.7	17.1	16.4	16.0	5.1	0.2	1.5	0.2	13.1	12.6	34.8	7.0

※病気休職制度がある企業を対象に集計。「6ヵ月以下計」は「3ヵ月まで」「3ヵ月超から6ヵ月まで」の合計。「1年6ヵ月超計」は「1年6ヵ月超から2年まで」「2年超から2年6ヵ月まで」「2年6ヵ月超から3年まで」「3年超」の合計。

出典：「労働政策研究・研修機構（H25.6.24プレスリリース）」より

ることは、その従業員当人にとっては手厚い制度ですが、それを支える周囲の従業員にとっては決して好ましい影響を及ぼすとは限らない場合もあります。

　会社運営においては、他の従業員を守るという視点も大切です。さまざまな状況を考慮し、現在の自社に合った期間であるのかを慎重に検討しましょう。

　休職期間が1年6か月というのは、健康保険の傷病手当金（164ページ参照）の受給上限と一致するため、この期間に合わせる会社もありますが、従業員にとっては、収入がなくなる時期と退職が重なってしまうため将来への不安が高く、トラブルが起きやすいタイミングでもあるため注意が必要です。

③　休職回数、期間の通算規定

　精神系疾患は回復しても再発することがあります。ですから、同一傷病については何回まで休職を認めるのかを定めておきましょう。

　極端な例では、休職と復職を繰り返し、何十年も会社に在籍し、フォローを行う人事担当者が疲弊していく例もあります。

　また、休職期間についても、再休職の場合は前回の休職期間と合わせて上限を適用する旨定めておきましょう。

④　休職期間満了時

　所定の休職期間が満了したら退職となるように定めておきましょう。そうでないと、どうしても病気が回復せず、復職できない見込みが続いている場合、ずっと雇い続けるか解雇を行わなければならなくなってしまうからです。

3　休職に入る際の手続き

　休職の制度が決まったら、休職に入る際の実務上の流れを整理して

おく必要があります。突然メンタルヘルス不調者が出ても慌てないよう、事前に「誰が」「何を」すべきか対応フローを整備しておくことが必要です。

①　休職届の提出及び休職命令書の交付

本人が病気休職の診断書を持参したこと等により休職に入る場合は、休職届を提出してもらいます。それを受けて会社からは休職発令書を交付します。

②　休職制度の説明

休職期間、休職中の取扱いなどについての説明を行います。事前に説明書の雛形を用意しておくとよいでしょう。

休職制度については就業規則に記載があるといっても、通常、従業員は休職制度まで熟読して理解しているとまではいえないのが実情でしょう。改めて自社の休職の制度（最大どのくらい休業できるのか、復帰できなかった場合はどうなるのか）、休職中に行うこと（行うべきでないこと）、復職に向けての概要を文書で説明しておくことが復帰時のトラブルを回避することにもなります。

また、休職に伴っては事務手続上も決めておかなければならないことがたくさんありますので、それらも休職に入る前に決めておきましょう。例えば次のようなものです。

・傷病手当金申請方法
・社会保険料や住民税などの控除の取扱い
・休業中の連絡について

復帰については自由に行うことができるわけではなく、会社が示す復職手続（176ページ以降）に従ってもらう必要があることなども説明しておきましょう。

参考までに、休職に入る際の説明書類の雛形をご紹介いたします。

◆休職に関するご案内の例

休職に関するご案内

1　休職に関すること
　① 休職期間

> 事務手続上必要なことを定めておく

　　会社が定めた期間となります。休職最大期間は、就業規則　　条により次の通りです。

- 入社〜1年以内：　　か月
- 　　〜3年以内：　　か月
- 　　〜5年以内：　　か月

　② 給与
　　賃金規程　　条により、休職中の給与は支払われません。

　③ 報告・連絡について
　　2週間に1回、会社に休職の状況、治療の状況について電話にてご連絡お願いします。
　　連絡がない場合は、会社から連絡もしくは自宅を訪問する場合があります。

　④ 休職中の過ごし方
- 業務は行わないものとし、会社からのPC、携帯電話等の持ち出しは認めません。
- 病気休職の場合は、療養に専念することを最優先としてください。同居の家族がいない場合は、実家に帰るなど、1人での療養生活にならないように努めてください。
- 会社の指示に従わない場合は、就業規則の定めにより懲戒処分を行う場合があります。

　⑤ 傷病手当金
　　休職中、給与が支払われなかった日については、健康保険組合に傷病手当金を請求することができます。傷病手当金の詳細は次の通りです。

- 受給額：月給の約2／3（休んだ日ごとに標準報酬日額の2／3）
- 手続方法：毎月1回傷病手当金請求書を会社に郵送
　　　　　　用紙は健康保険組合HPからダウンロードにて。医師の証明書記入が必要です。
- 支給期間：休業開始4日目〜最大1年6か月（最初の3日分は支給されません、）

　⑥ 源泉控除額の支払について
　　休職中給与支給がない場合も、健康保険料・介護保険料・厚生年金保険料・住民税の源泉控除額が発生します。支払方法は別に定めます。

2 復職に関すること

就業規則及び復職に関する条件を
コンパクトにまとめておく

① 復職手続について

a 復職の際は医師の診断書を添えて、遅くとも休職期間満了1か月前までに復職の申請を
お願いいたします。
b もし期限までに復職の申し込みがなかった場合は、休職期間中に復職できなかったも
のとみなします。
c 復職にあたって、会社が必要と認める書類を求めた場合は提出してください。
d 会社指定医または産業医面談を指示した場合は受診してください。
e 主治医が復職を許可しても、会社・産業医の判断により復職を許可しない場合があり
ます。
f 復職の可否は、申請の内容及び状況を判断し、会社が判断します。
g 休職の理由がなくなったと会社が判断した場合は、休職期間を短縮する場合がありま
す。
h 復職後の勤務内容、勤務条件、待遇は、原則として休業直前を基準とします。但し、状
況に応じ、配置転換、業務軽減を行う場合、待遇が変わる場合があります。

② 復職プログラムについて
復職にあたっては、会社が示す復職プログラムを終了することが必要です。

③ 復職の取消
復職日から　　か月以内に、同一の理由、または類似の理由により　　勤務日以上の
欠勤、または完全な労務の提供ができないと会社が判断した場合は、復職を取消し、
休職を命じる場合があります。

④ 休職が複数回にわたる場合の期間の通算
同一または類似の理由による休職が複数回にわたる場合、復職日から再休職日までの
期間が　　か月未満の場合、各休職期間は通算します。再休職期間の上限は、就業規
則に定める休職期間上限（　　年）から、通算された休職期間を控除した残期間とし
ます。

⑤ 休職期間満了の場合
就業規則に定める休職期間上限を超えても復職できない場合は、休職期間の満了を持っ
て退職となります。

3 休職に関する確認事項　※1部ずつ会社と本人で保管

氏名：_____

① 休職期間

　　　　年　　月　　日 ～ 　年　　月　　日

② 会社への報告

毎月、　日（休日の場合は翌営業日）に治療及び休職の状況について、電話連絡をお願いします。

連絡先：
担当者：_____まで

会社への報告は、原則電話、web会議など
とする。メールや書面だと本人の状況がわ
からないため。

③ 源泉控除額支払方法

休職中に発生する源泉控除額は下記の通りです。

種類	金額	備考
健康保険料	円	
介護保険料	円	
厚生年金保険料	円	
住民税	円	普通徴収切替、一括徴収は別途相談
合計	円	

上記額の支払いに関して、下記にて振込みお願いします。

振込日	毎月　　　日
振込先	

④ 傷病手当金受給の手続

● 申請の有無：有　・　無

● 申請有の場合：
毎月　　日までにその前月までの分についての傷病手当金申請書の提出をお願いします。間に
合わない場合はその旨ご連絡お願いいたします。

● 傷病手当金の振込先を会社とし、源泉控除額を控除した後の金額を、会社から給与支払口座に
振り込むことの希望　：　有　　・　　無

上記の内容に同意し、休職に専念します。

　　　　　　　　　　　　　　　　　　　　年　　　月　　　日

氏名　　　　　　　　印

③　休職中の注意事項について

　休職中は、療養に専念する期間であって、自由な休暇ではないということを休職に入る前に説明しておきましょう。

　また、休職中は月1〜2回、人事宛に連絡をしてもらうようにしましょう。特に一人暮らしの場合は、一人で重篤な状態になってはいないか確認するという意味合いもあります。連絡は、電話またはwebの面接システムのようなツールがよいでしょう。メールや書面では、従業員の細かな状態がわからないからです。

7 復 職

　休職よりも難しいのが復職の取扱いです。特に休職期間満了間近の場合などは、休職期間を満了しても復職できなければ退職となってしまうため、従業員側も復職を主張してくる可能性があるからです。復職の可否は、メンタルヘルス不調を巡る訴訟でも争いの多いものとなっています。

　復職の基本的な流れは次のようになります。

```
①本人からの復職申請
(主治医の復職可能の診断書提出)
```

```
②復職判定(産業医からの意見聴取)
```

```
③職場復帰プランの作成
```

```
④職場復帰、フォロー
```

1 本人からの復職申請

　まずは、本人からの復職申請から復職プロセスが始まります。この際に重要なことは、本人の意思確認と主治医の「就労可能」の診断書を提出してもらうことです。復職に当たっては、本人の意思だけでなく医学的に「就労可能」であることが必須条件となります。なお、いつまでに復職申請を行わなければならないのかについて、就業規則に規定しておきましょう。復職申請から復職判定には、数週間〜１か月程度要するため、就業規則に定める休職満了期限ぎりぎりの申請では間に合わないことがあるためです。

2 復職判定

　復職申請が出されたら、次に実際に復職可能かを判断することとなります。ここで主治医の診断書だけで復帰を許可しようとしている例が多く見られますが、それは大変危険です。なぜなら、主治医の診断は、一般論としての日常生活が可能という意味での「復職可」の可能性があり「その会社で仕事ができる状態にまで回復しているのかどうか」まで判断できているとは限らないからです。主治医は会社の業務のことを知りません。一般的な事務作業が可能だったとしても、客先に一人で常駐するようなスタイルでの業務に戻ることは可能とはいえない場合もあります。

　ですから、主治医から「復職OK」が出たとしても自社への復帰が可能な状態であるかどうかは、業務を熟知している会社が判断する必要があります。会社が判断するために必要な要素は次の３つです。

> ① 復職の基準を明確にしておく
> ② 産業医等の意見を仰ぐ
> ③ 主治医、会社指定医等に情報提供を依頼する

① 復職の基準を明確にしておく

　復職の要件としては、病気が「治癒」していることが条件となりますが、まずはこの「治癒」の定義を定めることが必要です。この「治癒」の基準については、労災基準及び過去の判例などから類推すると、「従前の職務を通常の程度に遂行できる健康状態に回復していること」と考えてよいでしょう。

　つまり、例えば、「所定労働時間のすべてを勤務することはできないが短時間勤務ならできる」というような復職希望については応じなければならないとは限らないということです（ただし、私傷病による短時間勤務の制度の適用等により、会社の判断により短時間勤務を認めることも可能です）。

　また、復職は元の職場に復職することが原則です。なぜなら、異なる人間関係や異なる職務に配置されることによる病状悪化の可能性があるからです。もちろん、元の職場にストレス要因がある、配置転換したほうが継続雇用が可能になるという場合もありますので適宜状況判断は必要です。

　復職に当たって、どの程度の職務遂行能力があればよいのかについては一律に定めることは難しいですが、職種ごとにチェック項目などを定めておくとよいでしょう。

　一般的な例としては、次のことが挙げられています。

- ・労働者が十分な意欲を示している
- ・通勤時間帯に一人で安全に通勤ができる
- ・決まった勤務日、時間に就労が継続して可能である
- ・業務に必要な作業ができる
- ・作業による疲労が翌日までに十分回復する
- ・適切な睡眠覚醒リズムが整っている、昼間に眠気がない
- ・業務遂行に必要な注意力・集中力が回復している　　　　など

出典：「心の健康問題により休業した労働者の職場復帰支援の手引き」（厚生労働省）より

②　産業医の意見を仰ぐ

　復職可否の判断については、産業医に判定してもらうのがベストです。病気の状態とその会社の状況、両方を熟知して精査することが可能だからです（198ページ参照）。

③　主治医、会社指定医等に情報提供を依頼する

　産業医がいない場合は、主治医または会社が指定する別の医師にさらなる情報提供を仰ぎ、本人との面談等を通じて会社内で慎重に判断を行うこととなります。主治医は患者寄りの意見を述べることがあるため（もちろんそうでない場合もあります）、主治医の意見のみを復職の判断材料とすることは危険も伴いますが、会社の勤務情報を提示した上で意見を仰ぐことによって、より復職判断に役立つ情報提供が得られる可能性もあります。情報提供を依頼する際の参考書式を次ページに示します。

◆復職及び就業上の配慮に関する情報提供依頼書

年　　月　　日

○○○○病院

　　　先生　御机下

復職及び就業上の配慮に関する情報提供依頼書

〒123-4567

東京都千代田区○○○1-2-3

株式会社○○○○

代表取締役　　　　　　　　　印

担当者

（連絡先　　　　　　　　　　）

　日頃より弊社の健康管理活動にご理解、ご協力を頂きまして感謝申し上げます。

　さて弊社従業員からの休職の申し出に際し、下記の情報提供依頼事項について同封の用紙（又は任意の用紙）にて情報提供およびご意見を頂ければと存じます。

　なお、頂いた情報は、本人の休職の要否、職場復帰を支援する目的のみに使用し、プライバシーには十分配慮しながら会社が責任をもって管理いたします。

　今後とも弊社の健康管理活動へのご協力をよろしくお願い申し上げます。

記

1、従業員

　　　氏名：　　　　　　　　（男・女）／ 生年月日：　　　年　　月　　日

2、情報提供依頼事項

　　　（1）　発病から現在までの治療状況

　　　（2）　現在の症状（業務に影響を与える症状及び薬の副作用の可能性なども含めて）

　　　（3）　就業の可否と復職に関する意見

　　　（4）　業務における配慮事項

　　　（5）　その他配慮事項

以上

> この書類の趣旨を理解し、情報提供文書の作成並びに会社への提供について同意します。
> 　　　年　　月　　日　　　（本人署名）＿＿＿＿＿＿＿＿＿＿＿＿＿＿

出典：「心の健康問題により休業した労働者の職場復帰支援の手引き」（厚生労働省）
内資料をアレンジしたもの

勤務情報を主治医に提供する際の様式例

（主治医所属・氏名）　　先生

　今後の職場復帰の可否、業務の内容について職場で配慮したほうがよいことなどについて、先生にご意見をいただくための休職前の従業員の勤務に関する情報です。

　どうぞよろしくお願い申し上げます。

従業員氏名		生年月日	年　　　月　　　日
住所			

職　　種	
職務内容	（作業場所・作業内容） □体を使う作業（重作業）　　□体を使う作業（軽作業）　　□長時間立位 □暑熱場所での作業　　　　□寒冷場所での作業　　　　□高所作業 □車の運転　　　　　　　　□機械の運転・操作　　　　□対人業務 □遠隔地出張（国内）　　　□海外出張　　　　　　　　□単身赴任
勤務形態	□常昼勤務　□二交替勤務　□三交替勤務　□その他（　　　　　　　　）
勤務時間	時　　分　～　　時　　分（休憩＿＿時間。週＿＿日間。） （時間外・休日労働の状況：　　　　　　　　　　　　　　　　　　　　） （国内・海外出張の状況：　　　　　　　　　　　　　　　　　　　　　）
通勤方法 通勤時間	□徒歩　□公共交通機関（着座可能）　　□公共交通機関（着座不可能） □自動車　□その他（　　　　　　　　） 通勤時間：（　　　　　　　　　　　）分
休業可能期間	＿＿＿＿年＿＿月＿＿日まで（＿＿＿日間） （給与支給□有り　□無し　傷病手当金　　％　）
有給休暇日数	残　　　　日間
その他 特記事項	
本人の利用可 能な制度	□時間単位の年次有給休暇　□傷病休暇・病気休暇　□時差出勤制度 □短時間勤務制度（　　h～）　□在宅勤務（テレワーク） □試し出勤制度　□その他（　　　　　　　　　　　　　　）

　年　　　月　　　日　　　（会社名）

　　　　　　　　　　　　　（担当者／連絡先）

治療の状況や就業継続の可否等について主治医の意見を求める際の様式例

患者氏名		生年月日	年　　　月　　　日
住所			

病名	
発病から現在までの 治療状況	
現在の症状	（通勤や業務遂行に影響を及ぼし得る症状や薬の副作用等）
今後の治療の予定	（入院治療・通院治療の必要性、今後のスケジュール（月1回の通院が必要、等））
回復の見込み (回復に要する期間)	検討つかず　　　　治癒予定（　　　　　）　　　　すでに治癒
就業の可否	□現時点で不可（療養が望ましい） □可　　　　　　　（職務の健康への悪影響は見込まれない） □条件付きで可（就業上の措置があれば可能） 【条件】注）提供された勤務情報を踏まえて、医学的見地から必要と考えられる配慮及び期間
その他配慮事項	注）治療のために必要と考えられる配慮等の記載

上記のとおり、診断し、就業継続の可否等に関する意見を提出します。

平成　　　年　　　月　　　日　　（主治医署名）＿＿＿＿＿＿＿＿＿＿＿＿＿＿＿＿

(注)この様式は、患者が病状を悪化させることなく治療と就労を両立できるよう、職場での対応を検討するために使用するものです。この書類は、患者本人から会社に提供され、プライバシーに十分配慮して管理されます。

3　職場復帰プランの作成

　職場復帰が決まったら、具体的にどの部署でどのような勤務を行う
かについて、本人、人事担当者、社内スタッフ、産業医等の話し合い
でプランを決めることとなります。決める内容は主に次のような項目
です。

・時間外勤務（禁止・制限　H）　・交替勤務（禁止・制限）

・休日勤務（禁止・制限）　　　・就業時間短縮（遅刻・早退　H）

・出張（禁止・制限）　　　　　・作業転換

・配置転換・異動

・客先常駐の可否

・顧客との折衝可否

　これらを職場復帰プランとして書面に記載し、計画的に進めていき
ます。

4　職場復帰、フォロー

　職場復帰プランについて定期的に見直し、上司、人事担当者、産業
医等が適宜情報を共有しながら、従業員のフォローを行います。定期
的に面談等を行い、残業制限、休日制限等の解除等の調整を行い、休
職前の就業状態に近づけていきます。メンタルヘルス不調は再発しや
すいのが特徴です。焦らずフォローしていきましょう。

8 早期発見と予防のために

　メンタルヘルス不調を予防するには早期発見・早期対処が必要であることは言うまでもありませんが、早期発見のためにはどのようなことができるのでしょうか。

1 勤怠を確認する

　人事担当者が一番簡単にできることは、勤怠を確認することです。メンタルヘルス不調の初期兆候として、勤怠が乱れるということがあります。

　休みが多い、休日明けの遅刻が多いなどが続く場合は、著しい長時間労働が生じていなかったとしても、上司に状況を確認する、本人に声をかける、産業医面談を設定する等の積極的関与を行ってもよいでしょう。

2 現場プロジェクトマネージャー、リーダーから情報を募る

　不調を早期に発見するには、一緒に作業をしているプロジェクトマネージャーやリーダーの協力を得るのがよいでしょう。人事担当者が1人で会社全員を把握することは現実的ではありませんし、職場で互いを確認するほうがより早く異変に気付くことができます。

　といっても、現場リーダーにとってもどのようなサインがあったら人事につなげばよいのかわからないというのが実情です。ですから、

チェックリストを作成して共有しておくとよいでしょう。「職場における心の健康づくり」（厚生労働省）では、「いつもと違う」部下の様子として次の10項目が挙げられています。

1	遅刻・早退・欠勤が増える
2	残業・休日出勤が不釣り合いに増える
3	休みの連絡がない（無断欠勤がある）
4	仕事の能率が悪くなる。思考力・判断力が低下する
5	業務の結果がなかなかでてこない
6	報告や相談、職場での会話がなくなる（あるいは多弁になる）
7	表情に活気がなく、動作にも元気がない（あるいは逆にハイになる）
8	不自然な言動が目立つ
9	ミスや事故が目立つ
10	服装が乱れたり、衣服が不潔であったりする

出典：「職場における心の健康づくり」（厚生労働省）より「ラインによるケア」

　これらを参考にして、自社またはプロジェクトごとにアレンジして、週1回、月1回など定めて定期的にチェックをするようにするとよいでしょう。人事とのホットラインを作成してもよいでしょう。

　このチェックリストの作成やブラッシュアップ、実施のフォローについては、衛生委員会（第8章参照）を活用すると、より自社の実態を反映したリストを作成できることや実施に強制力が生まれるなどの観点から効果的です。

9 ITエンジニアにとっての本当のメンタルヘルスケアとは

　メンタルヘルスケアの具体的な取組みについていくつか見てきましたが、ITエンジニアにとっての本当のメンタルヘルスケアとは、「プロジェクトが円滑にスケジュールどおりに成功して終わること」かもしれません。

　どのような施策を用いても、トラブル頻発、理不尽な客先要求に振り回される、短納期、長時間労働、メンバーが次々離脱し、残されたメンバーの負担が大きくなるなどプロジェクトが不安定な状態では、そこで業務を行うメンバーが精神的に疲弊していくことは避けられません。

　だからこそ、プロジェクトの上に立つマネージャー、リーダーのプロジェクトマネジメントスキルを向上させることは、経営上の理由だけでなく、メンタルヘルスケアにおいても重要といえます。会社としては、リーダー層のプロジェクト遂行能力開発のためのサポートを行うことが中長期的なメンタルヘルス対策ともいえるでしょう。

第8章

労務問題解決手段としての
衛生委員会の活用と
安全衛生管理体制

人事担当者と他部門従業員との信頼関係構築の重要性

　労務管理を行う上では、人事担当者と従業員の信頼関係が欠かせません。しかし、IT エンジニアを抱える企業においては、本来従業員であるエンジニアをケアするべき人事担当と、現場で開発にあたる技術者との信頼関係に距離ができてしまうことがあります。これにはいくつかの理由があります。

1　物理的に距離が離れていることによる人間関係の隔たり

　人事担当者が常に本社にいる一方、エンジニアは、客先常駐などで社外にいることが多く、顔を合わせる機会が非常に少なくなりやすいという特徴があります。または同じ社屋にいたとしても、人事は従業員の個人情報を扱う部署であるため、エンジニアとは離れたエリア、異なるフロアに席を設けられるなど物理的な距離が離れた状態にあることがあります。

　また、エンジニアの間ではプロジェクトが終了するごとの打ち上げや飲み会などの交流を図る機会がありますが、人事担当者と技術者が交流を図る機会はそう多くありません。すると、客先の他社メンバーとは仲良くなっても自社の人事担当とは「まるでよその会社の人」という関係に陥ってしまうこともあります。

　エンジニアの立場からすれば、たまに人事から連絡があるのは「勤務表の提出期限が過ぎています」「タイムシートが間違っています」といった、文句を言われるときばかりに感じられてしまっても仕方あり

ません。このような状況では信頼関係が築きにくいのは当然です。

　知っている間柄ならばうまくいくけれど、顔の見えない関係だからこそ話がこじれるという出来事が発生しやすく、人事発で物事を進めるのが難しくなってしまいがちです。

2　人事部門と現場開発部門の相互理解不足

　システム開発を行う会社においては、開発に注力するあまり、エンジニアに対して技術についての教育は行っていても労務管理に関する理解が浅くなってしまうことがあります（これはシステム開発に限らず、スタートアップから成長期の中小企業においてはよくあることかもしれません）。また、人事担当者にとっても、ITエンジニアを抱える会社に勤務しているとはいっても人事担当者自身がエンジニアなわけではないため、開発現場の状況に詳しいとは限りません。それに加えて、前述したような物理的な距離が離れた状況が重なると、人事担当者とエンジニアはお互いの仕事内容に対する理解が難しくなります。

　もしも労務管理の必要性がわからなければ、人事から求められるのは「業務に関係のない」「業務の生産性を阻害する」、ただの面倒な作業でしかなく、それを強いてくる人事担当者は「面倒なことを要求してくる人」でしかなくなってしまうのも当然です。そのような状況の中だからこそ、意識的に人事と他部門の従業員との相互理解を促進し、信頼関係を築くことが必要なのです。

　人事担当者の業務遂行が難しい要因の一つは、人事担当者個人の努力で結果を出すことができるものではなく「人に動いてもらう必要がある」ということです。例えば時間外労働の削減を例にとっても、「自分の」労働時間を減らすだけではなく「自分以外の人の」労働時間を減らしてもらわなければならないのです。給与計算にしても、従業員からタイムカードを提出してもらわなければ自分の仕事ができないのです。

さらに、経費削減と人手不足の中、中小企業では人事・総務等の業務が一人の担当者に任されていることがあり、孤立状態で相談先もないまま業務を遂行していかなければならないのです。

　このような状況の中で、コンプライアンスの実現及び従業員が働きやすい仕組みづくりを進めていくためには、他の従業員の理解、協力が不可欠であり、そのためには人事と他部門従業員との信頼関係を構築し、「社員を巻き込む仕組み」を作ることが必要となります。

　この仕組みづくり及び人事上の課題解決のために是非推奨したいのが「安全衛生管理体制」の整備と「衛生委員会」の活用です。

2 安全衛生管理体制とは

　安全衛生管理体制とは、労働安全衛生法で定められた労働災害防止や職場環境向上に向けての活動を行うための体制のことを指しますが、「衛生委員会」は、これらの活動のための審議を行う会議として開催が義務付けられているものです。

　それがなぜ職場における信頼関係構築及び人事上の課題解決の役に立つのでしょうか。それは法で定められた役割や仕組みそのものが従業員を巻き込んだ活動を進めるのに非常に適しているからです。まずは、職場における基本の安全衛生管理体制について見てみましょう。

1 労働安全衛生法とは

　労働安全衛生法の目的は次の2つです（労働安全衛生法第1条）。

> ① 職場における「労働者の安全と健康を確保」すること
> ② 「快適な職場環境の形成」すること

　この目的を実行するための具体的な手段として、労働災害防止のための基準、責任者やスタッフの決め方、自主的活動のやり方などさまざまな具体的な内容が定められています。

　労災保険が「労働災害が起きた"後"の補償」であるのに対し、労働安全衛生管理体制の構築は、「労働災害が起こる"前"の予防」のために行うものと考えるのがよいでしょう。

　「安全」「健康」というと、工場での怪我や風邪などの病気がイメー

ジされやすいですが、ITエンジニアにとって問題が生じやすい長時間労働に基づく健康障害やメンタルヘルスケアなどの心の健康に関することも含まれるため、非常に幅広く重要性の高い事項を取り扱うことが可能なものでもあります。今後ますますその取組みの必要性が増してくるといえるでしょう。

2 安全衛生管理体制の全体図

　安全衛生管理体制については、人数や業種によって、配置すべきスタッフとその役割などが細かく定められており、全体像としては**図表8-1**のようになっています。

　この中でもITエンジニアを抱える事業場の多くは「その他の業種」に該当することが多いため、本書では「③その他の業種」の部分について中心に取り上げるものとし、①②に該当する業種や安全管理者等については省略します。

　なお、表における従業員の人数は事業場単位であり、パートタイマー及び自社の社員だけでなく派遣元から受け入れている派遣社員も含みますので注意が必要です。

◆図表8-1　業種・人数別の安全衛生管理体制の一覧

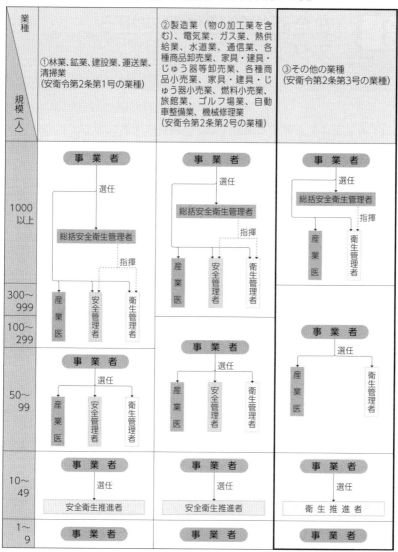

出典：東京都産業保健推進センター「労働安全衛生のハンドブック」を加工

安全衛生管理体制を担う スタッフの役割

ITエンジニアが属する業界では、従業員の人数に応じて次のスタッフの配置及び実行体制としての「衛生委員会」の設置が義務付けられています。

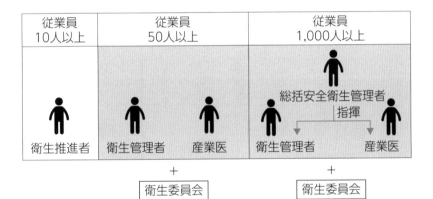

従業員 10人以上	従業員 50人以上	従業員 1,000人以上
衛生推進者	衛生管理者　産業医	総括安全衛生管理者 指揮 衛生管理者　　　産業医
	＋ 衛生委員会	＋ 衛生委員会

衛生管理者、産業医、総括安全衛生管理者については労働基準監督署への選任届の提出が義務付けられています。

主なスタッフの役割等、詳細について見てみましょう。

1 総括安全衛生管理者

労働災害や健康障害防止のための措置及びそれぞれのスタッフの総監督・指揮を行います。通常はその事業場でのトップが就くことになります。

2 衛生管理者

　従業員50人以上の事業場で選任することが義務付けられており、快適な職場環境づくりのために、具体的な実作業を行うことを職務とします。例えば次のような職務が挙げられます。

1　健康に異常のある者の発見及び措置
　　⇒健康診断結果を産業医と共有して、所見がある者に対しての就業措置を行うことなど
2　作業環境の衛生上の調査
　　⇒騒音、明るさなどが基準を満たしているかどうかの調査
3　作業条件、施設等の衛生上の改善
4　労働衛生保護具、救急用具等の点検及び整備
5　衛生教育、健康相談その他の労働者の健康保持に関する必要な事項
　　⇒不調者に対する相談先となること、または相談先を確保することなど
6　労働者の負傷及び疾病、それによる死亡、欠勤及び移動に関する統計の作成
　　⇒労働災害の発生件数等の記録をとるなど
7　その事業の労働者が行う作業が他の事業の労働者が行う作業と同一の場所において行われる場合における衛生に関し必要な措置
8　その他衛生日誌の記載等職務上の記録の整備等
9　定期巡視（週1回）を行い、問題がある場合は直ちに対応策を講じること
　　⇒巡視チェックリストを作成するとよい

出典：「労働衛生のハンドブック」東京都産業保健推進センターより抜粋して補足、加工

　衛生管理者は、衛生管理者の免許など、所定の資格を保持する者である必要があります。

　中小企業において、安全衛生管理体制がスムーズに運用されている

ケースでは、衛生管理者が事実上のキーマンとなって動いている様子が見られます。高度な人間関係調整力を背景に従業員と各安全管理体制スタッフ、産業医との橋渡しを行うことが求められます。その他健康診断の事後措置に関する勧奨や事後フォローを行うなど幅広い活躍の場があります。

衛生管理者の選任でつまづきやすい原因の1つは、資格要件です。衛生管理者の免許を取得するには試験に合格する必要があるからです。事業場内に衛生管理者の免許を持っている従業員がいない場合は、まず従業員に試験に合格して免許を取得してもらうところから始める必要があります。人事担当者が勉強して免許を取得するケースが多いです。

3 産業医

従業員50人以上の事業場で選任が義務付けられており、労働者が職場で健康に働く環境について、医学的見地からサポートすることを職務とします。産業医としての資格が必要です。労働者の健康確保について必要があると認めた場合は、事業者に対して勧告、衛生管理者に指導、助言を行うという強い権限を持っています。

具体的な職務は下記のとおりです。

---

1 健康診断の実施及びその結果に基づく労働者の健康を保持するための措置に関すること
2 長時間労働が発生している労働者への面接指導や必要な措置の実施に関すること
3 作業環境の維持管理に関すること
4 作業の管理に関すること
5 労働者の健康管理に関すること
6 健康教育、健康相談その他労働者の健康の保持増進を図るための措置に関すること

7　衛生教育に関すること
8　労働者の健康障害の原因の調査及び再発防止のための措置に関すること
9　衛生委員会への出席、毎月1回の職場巡視
10　ストレスチェックの実施、ストレスチェック後の面接指導の実施、ストレスチェックの結果に基づく措置の実施

① 産業医の役割は医療と職場の橋渡し

　産業医の役割は、病気の治療や薬の処方を行うことではありません。医療の知識をベースに従業員が健康に職場で働くための助言や指導をすることです。例えば、ある従業員が健康診断で「高血圧」の判定が出たとしましょう。この場合の医師と産業医の役割の違いは下記のとおりです。

医師	高血圧の治療を行う（薬の処方など）。
産業医	従業員に対して： 　高血圧の治療のために病院を受診することを勧告する。 職場に対して： 　残業制限、配置転換の必要性など会社が対応すべきことを助言する。

　会社の担当者は医学の知識を持っているわけではありませんから、健康診断の結果を見てもそれは会社として配慮すべき状態であるのか、配慮すべきなのであれば何を行わなければならないのかまでは判断することが困難です。
　一方、医師は病気の治療には詳しくても、会社組織や労務管理のことまで知っているわけではありません。そこで、産業医が間に立ち医療と職場との橋渡しを行うのです。

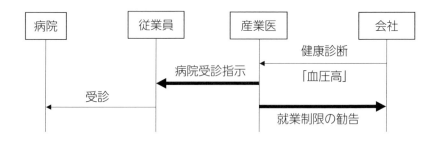

　また、メンタルヘルス不調の従業員がいた場合は、産業医が行うのは、直接のカウンセリングを行うことではなく、病院への受診を勧告すること、職場に対して残業制限等の調整の勧告を行うこととなります（産業医が別途企業とカウンセリング契約を締結して、カウンセリングまで行うケースもありますが、基本的な役割は別です）。

② 産業医の選び方

　ITエンジニアを抱える事業場において、どのような産業医を選任するかは非常に重要です。労働災害等が発生した場合、時には会社の命運を左右するといっても過言ではありません。メンタルヘルス不調からの復職判定においては、産業医の意見が非常に重要になるからです。

　産業医の探し方としては、次のようなものが挙げられます。

　・地域の医師会に相談する

　・インターネットで検索する

　・健康診断の実施機関に相談する

　従来は地域の開業医が産業医を兼任しているケースがありましたが、最近では産業医サービスを専門に行っている会社などもあり、インターネット上でもさまざまな産業医を検索することが可能です。自社の問題、カラーに合った産業医を選ぶのがよいでしょう。

　重視すべきポイントは次の3つです。

> a　メンタルヘルスケアに強い産業医を選ぶこと
> b　定期訪問し、衛生委員会に参加してくれること
> c　会社の事情や業務に対する理解があること

a　メンタルヘルスケアに強い産業医を選ぶこと

　ITエンジニアはメンタルヘルスに関する問題が発生しやすい傾向があるといえます。メンタルヘルス不調を抱える従業員に対してどのように接するのか、休職中の従業員の復職判定をどのように行うか、職場への復帰をどのようなペースで進めていくのかなどの場面において、産業医と密に連携しながら進めていくことが必要になります。

　しかし、精神疾患に精通していればそれで足りるということではありません。産業医の業務はこころの病に対する「治療」そのものではなく、「医療と職場の橋渡し」だからです。

　このためには、個人のメンタルヘルスケアについての知見はもちろんですが、会社という組織についての理解や労働法に関する一般的知識も必要になります。

　ITエンジニアを抱える事業場であるからこそ、これらを踏まえたメンタルヘルスケア対策に強い産業医との協力体制を構築することが重要となってきます。

b　定期訪問し、衛生委員会に参加してくれること

　産業医は、衛生委員会の構成メンバーとなることが義務付けられていますので、会議にも参加していただく必要があります。不調者が現れた場合に就業調整を行わなければならない場合や、メンタルヘルス不調者のサポートを行うに当たっては会社の風土や文化の理解が必要であり、定期的に従業員と接する機会を持つということは企業理解に大きな助けとなります。また、少なくとも2か月に1度は職場巡視が義務付けられているという点からも、定期訪問していただく必要があ

ります。

c　会社の事情や業務に対する理解があること

　産業医の業務は、病気を診ることではなく従業員がその会社で健康に勤務することができるためのアドバイスをすることです。

　例えば、メンタルヘルス不調からの復職において、一般的には就業OKとされる程度に回復している状態だったとしても、開発の現場で客先常駐のような勤務形態で就業することは可能でしょうか？　納期の押し迫ったプレッシャーの高い業務に就くことは可能でしょうか？上司のサポートがあれば大丈夫でしょうか？

　これらを判断するには、医学の知識だけでなくその会社での業務に対する理解やシステム開発現場への理解、その会社での組織の関係性などさまざまな要素を考慮する必要があります。だからこそ、その会社及び事情を理解していただけるということが非常に重要になってきます。

　これらに対応できる産業医を探すのはなかなか難しく、安くない費用も発生するものではありますが、じっくり検討する必要があります。

　また、働き方改革により産業医の役割も大きく強化されました。その役割はますます期待されるものとなっていくでしょう。

4　衛生推進者

　衛生管理者を選任する義務がない規模の会社において、安全衛生管理体制を推進します。職務内容としては衛生管理者と同等のものとなります。

衛生委員会とは、労働災害防止に向けて会社と従業員が一緒に話し合い、取組みを行うための会議です。従業員50人以上の事業場で開催が義務付けられています。一般的には、「義務だから」と形式的にしか行われていないこともあるようですが、それは非常にもったいないです。ITエンジニアの労務管理においては、衛生委員会の運営を一歩進めて効果的に活用することで人事担当者の負担を減らしつつ、大きな結果を出すことが可能になるからです。

1 どうして衛生委員会なのか

衛生委員会の法律上の要件には、人事と現場従業員同士の信頼関係を構築し、労務管理を効果的に機能させるための次のような特徴があります。

① 従業員参加型である。
（⇒従業員の意見を反映しやすい）
② 幅広い労務問題を議題とすることが可能
（⇒労務問題が他人事から自分事になる）
③ 毎月1回の開催、議事録公開が義務付けられている
（⇒継続性の確保、信頼関係の構築を行いやすい）

① 従業員参加型である
（⇒従業員の意見を反映しやすい）

衛生委員会の構成メンバーについての大きな特徴は、半数以上が従業員側の代表であるという点です。具体的な要件としては次のように定められています。

1　議長（総括安全衛生管理者、または事業の実施を統括管理する者）
　　⇒通常は、その事業場で一番の権限を持っている人（例えば、人事部長、総務部長、支店長等）
2　衛生管理者　１名以上
3　産業医　１名以上
4　衛生委員　１名以上
　　⇒当該事業場の労働者で、衛生に関し経験を有するもののうちから事業者が指名した者

総括安全衛生管理者が衛生委員会の議長となりますが、議長以外のメンバーについては、半数以上が労働者の過半数代表の推薦に基づき指名する必要があります。例えば、次のような構成になります。

議長	総括安全衛生管理者
会社側	衛生管理者
	産業医
労働者側	従業員Ａさん
	従業員Ｂさん

衛生管理者と産業医が従業員側から選ばれるということは現実的にはあまりないので、通常考えられる衛生委員会の最小メンバーは５人となります。メンバーの半数を従業員側の人間とすることで、従業員側の意見を取り入れやすくするための仕組みが法律上義務付けられて

いうということになります。

　もちろん、労働者側の委員を増やすことは問題ありません。また、活発な意見を交わすには男女比なども考慮するとよいでしょう。

②　幅広い労務問題を議題とすることが可能 （⇒労務問題が他人事から自分事になる）

　衛生委員会では、働き方改革をはじめとする労務管理に関する問題について幅広く取り扱うことが可能になります。

　衛生委員会の審議事項として定められている内容は次のものです。

1　労働者の健康障害を防止するための基本となるべき対策に関すること
2　労働者の健康の保持増進を図るための基本となるべき対策に関すること
3　労働災害の原因及び再発防止対策で、衛生に係るものに関すること
4　衛生に関する規程の作成に関すること
5　安全衛生に関する計画の作成、実施、評価、改善に関すること
6　衛生教育の実施計画の作成に関すること
7　健康診断に基づいて行われる医師の診断、診察又は処置の結果並びにその結果に対する対策の樹立に関すること
8　労働者の健康の保持増進を図るため必要な措置の実施計画の作成に関すること
9　長時間にわたる労働による労働者の健康障害の防止を図るための対策の樹立に関すること
10　労働者の精神的健康の保持増進を図るための対策の樹立に関すること

　この中で、「長時間労働にわたる労働による労働者の健康障害の防止」とは長時間労働対策のことであり、「精神的健康の保持増進を図る」とはメンタルヘルスケア対策にほかなりません。

　また、働き方改革に対応するためには長時間労働の削減は必須です

し、メンタルヘルス対策としては就業規則における休職や復職規程の取扱いはもちろん、パワハラ、セクハラ対策も含まれてきます。心身の健康を考える上では、定期健康診断のみならず、妊産婦への配慮等の女性問題等も含まれてくるでしょう。

　このように切り口を広げてみると、衛生委員会では職場に関連するさまざまな重要なテーマを扱うことが可能であるといえるでしょう。

　さらに重要なのは、これらのテーマについて衛生委員自らが議論を行うという点です。

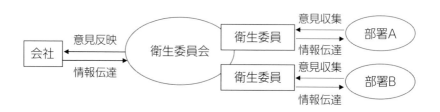

　一般的な会社で従業員が会社に意見を言える場所というものがどれだけあることでしょうか？　従業員は基本的には会社の言われたことに従うしかありません。しかし、衛生委員会であれば、従業員が自分たちの労働環境について話し合い、会社側に意見を反映させることができるのです。これは従業員にとってもやりがいのあることです。

　時には会社側の人事上の施策を検討しなければならないこともあるでしょう。そんな場合にも、衛生委員会を人事担当者の相談先として活用することが可能となり、机上の空論ではない、現場から生まれるアイデアを検討する場とすることができます。

　従業員からすれば、会社に言われたことをただやらされるのと自分たちの意見が反映されたことを行うのとではどちらがモチベーションが上がるかといえば、考えるまでもないでしょう。

　これらによって社内で起きている問題がだんだん「他人事から自分事」へと変わっていくのです。

③ 毎月１回の開催義務、議事録公開
　（⇒継続性の確保、信頼関係の構築を行いやすい）

　衛生委員会は、月１回の開催が義務付けられています。そのため、法に基づかない一般的な自主活動でよく起きがちな自然消滅ということがなく、さまざまな問題についての継続審議が可能となります。さらに、議事録の公開が義務付けられていることによって、従業員から見れば非常に透明感があります。

　また、定期的かつ継続的に顔を合わせる場があるということは、社員同士の距離を縮め、信頼関係を構築するのに非常に役に立ちます。信頼関係を深めるには会う回数も大事です。ITエンジニアを抱える企業では、メールやチャットなどの電子的なコミュニケーションツールを使いこなす能力の高い従業員が多く、アナログのコミュニケーションの機会を持つのが難しい（必要がない）傾向があります。人事と現場社員が顔を合わせる必要もありません。

　だからこそ、衛生委員会の仕組みを活用することによって、他部署のメンバーとコミュニケーションを図る機会を強制的に作ることが可能になります。

　これらによって、人事と現場の従業員が敵と味方ではなく、「顔の見える仲間」になることによって、人事上のさまざまな問題に取り組む上での信頼関係の土台を作ることができるのです。

2 　衛生委員会の効果的な運営方法

　衛生委員会をさらに効果的に進めるためには、法定の要件を満たすほかにも次のようなやり方があります。

① メンバーの選び方を工夫する

　従業員側のメンバーとしては、複数の部署から、できれば部下のいる立場の人が参加すると過重労働管理やメンタルヘルスケアなど従業

員マネジメントに関わる審議を機能的に行いやすくなります。また、衛生委員会のメンバーには、現場からの情報収集、衛生委員会で決まったことを現場に情報拡散するという役割が求められます。これらの観点からも、現場事情を知り、かつ現場への影響力のある立場の人が参加すると機能しやすくなります（あくまで労働者の過半数代表の推薦に基づくことが前提です）。その他、男女のバランスも考慮するとよいでしょう。

② 定例報告項目を工夫する

毎月の報告事項として、下記について共有するとよいでしょう。

```
1   長時間労働の発生状況（月の時間外労働
    60時間超、80時間超の人数など）
2   産業医面談の実施状況（人数など）
3   休職者や復職者の発生状況
4   健康診断の受診状況
5   労災発生件数
6   有給休暇の取得状況
```

定例報告事項を共有することの目的は、現状把握はもちろんのこと、過重労働等に関する意識を常に共有することにもあります。問題が発生した場合は議題として取り上げることも可能になります。ただし、情報共有の際は個人が特定されないように注意する必要があります。

③ 効果的な議題の設定方法

衛生委員会の議題の選び方は頭を悩ませるところですが、まずは大まかな年間計画を立て、随時の議題を差し込むようにするとよいでしょう。年間計画としては、季節や年次の行事を想定して、それに合わせた話題を取り入れていくことになります。

例えば、次のようなものが挙げられます。

時期	テーマ	話し合う内容など
5月	定期健康診断	健康診断の意義目的や結果の見方などの共有
6月	食中毒	一般的な食中毒予防に関する知識や、冷蔵庫に放置されている持ち主不明のペットボトルや食材の取扱いなど
7月 8月	熱中症 冷房対策	一般的な熱中症予防に関する知識 ⇒1日中室内作業を行う技術者にとっては、冷房対策も重要となる)
9月 10月	ストレスチェック	実施体制や集団分析などの事後措置に関することなど
11月	インフルエンザ	予防及び罹患した場合の会社のルール及び客先常駐作業者の対応共有など。
12月	ノロ、感染症	予防及び社内で罹患が発生した場合の連絡体制、消毒キットの場所の共有など
3月	花粉症	

　衛生委員会の立ち上げ期には、職場環境に関するアンケートをとり、その結果から議題を取り上げるのも効果的です。従業員目線での、現在の職場環境についての問題点をキャッチすることが可能になり、実態に即した話し合いを行うことが可能になります。

3 ITエンジニアの労務管理独特の話題を取り入れる

　その他、ITエンジニアの労務管理に関する特有の話題として衛生委員会で取り上げることができるものとしては、次のようなものが挙げられます。

テーマ	話し合う内容の例
メンタルヘルスケア対策	会社が定める休職や復職の流れや現場と人事との連絡体制について共有する
睡眠と労働災害	睡眠時間と労働災害の関係性について共有する
VDT作業に関するガイドライン	連続作業時間などについて、「VDT作業における労働衛生管理のガイドライン」を共有する
客先常駐勤務者のインフルエンザ対策	客先常駐にて勤務している従業員が自分または家族がインフルエンザに罹患した場合、客先企業でのルールを確認する必要がある場合がある。自社と常駐先のルールが異なる場合の対応などを共有しておくとスムーズ
特別な環境下で作業を行う場合の配慮	コンピューターのサーバールーム（※）のような特別な環境で作業を行う場合の配慮など
腰痛、肩こり、眼精疲労など	座りっぱなしで作業することが多いことによる腰痛、肩こり、眼精疲労などの対策
配線	作業場所の機器の接続ケーブルなどがむき出しで危険がないかなどの確認

※ コンピューターのサーバーの機械のみが集められている部屋。大規模基幹システムなどに見られます。機械が発する熱を防ぐため著しく室温が下げられている場合や、機械の動作音が響いているなどの特殊な状況下にある場合があります。

4 みんなで職場巡視をしてみる

　衛生委員会がマンネリ化してきたら、時々衛生委員会のメンバー全員で職場巡視を行ってみるのもよいでしょう。

　職場巡視は通常、衛生管理者と産業医が行うものですが、これを衛生委員会のメンバー全員で行うことによって今まで何の気なしに歩いていたフロアの配線が気になる、書類が乱雑など自分たち自身で新しい気付きが生まれることがあります。

　また、職場巡視を通じて、普段は立ち入ったことのない作業エリア

に足を踏み入れると「こんなところがあったんだ！」と、メンバー自身が非常に楽しみ、盛り上がる様子が見受けられます。同じ会社とはいえ、普段営業部員はコンピューターのサーバールームなどは入る機会がないこともありますし、他部署のエリアには、用事でもなければ訪れる機会はあまりないことでしょう。会社を知る良いきっかけにもなります。そういった機会を自然に作ることができるのも衛生委員会の利点です。

5 職場改善と衛生委員会

　衛生委員会を効果的に活用することによって職場改善を推進した例を見てみましょう。

1 職場環境アンケートの活用

　職場環境アンケートの活用は、職場環境の改善のみならず信頼関係の構築にも役立てることができます。大切なのはそこで挙がった意見を必ず衛生委員会の場で共有し、審議事項とすることです。せっかく挙げた意見なのに無視されてしまっては、かえって従業員にとっては不信感につながります。

　挙がってくる意見は必ずしも建設的な意見ばかりではなく、実現できないものも、身勝手なものも含まれるかもしれません。しかし、それらも含めて、一旦「会社に意見できる場所がある」「自分の出した意見が取り上げられて正しく審議がなされた」ということが大切なのです。対応できることには対応しましょう。そして、対応できないことには、その理由について誠意を持って結果を報告しましょう。

　審議の結果「対応しないこと」となった場合でも、従業員側のメンバーも参加して討議した上での決定事項ですから、人事の独断で拒絶されるのに比べれば、納得感が異なります。

　例えば、ある会社で職場環境アンケートを行った結果、自動販売機の設置を希望する意見が挙がりました。そのことを衛生委員会で取り上げたところ、他にも要望している従業員が少なくないことがわかりました。しかし、問題なのは設置場所がないことでした。そこで、衛

生委員からオフィスの不要物撤去や整理整頓の呼びかけが行われました。その結果、オフィスの整理整頓活動が行われ、自動販売機を設置することができました。

　衛生委員会で取り上げたことによって、オフィス内に不要物がたくさんあることに従業員自らが気付き、自主的に行動することができました。また、衛生委員会の決定ということで予算の稟議もスムーズに下りました。これらは人事担当だけでは実現できなかったことです。

　その後しばらくして、ある従業員が「言ったら本当に変わったんだな」とぼそっとつぶやきました。そこから、少しずつ他の社員からも声が挙がるようになり、人事担当者と現場の技術者の距離が近づいていくきっかけとなったのです。

　従業員は、「どうせ言っても無駄」という会社への不信感を持っていることがあります。まずは「言っても無駄」から「言ってもいいんだ」という双方の関係づくりそして従業員を巻き込む関係づくりから、職場改善が始まるのです。

2　就業規則の改定

　衛生委員会は、人事担当者にとっての現場ヒアリングの場としても有用です。

　ある部署では、遅刻などの勤怠の乱れが大きいことが問題となっていました。この状況について衛生委員会にて検討したところ、その部署の業務の特殊性から不規則勤務が発生せざるをえないにもかかわらず、就業規則がそのための時間管理に対応していないためにルールが形骸化しており、自主的シフト勤務や独自ルールが乱立していたことがわかりました。そこで、就業規則を改定し、現状にあった労働時間管理を取り入れ、代休取得や時間外労働を行う際のルールを明確にすることにより、勤怠の乱れを改善することができました。「遅刻を減らしてください」と言うだけでは問題の解決につながりません。原因と

対策を検討する上では、実態に即した対策検討が重要です。

　また別の例では、長時間労働対策としてフレックスタイム制の導入を検討していた際、衛生委員会の場で意見を募ったところ、実は従業員側はフレックスタイム制を望んでおらず、業務遂行上も好ましくないという結果になり、とりやめにしたということもあります。

　労働時間管理のためには就業規則その他のルールの改定が必要になることがありますが、効果的なヒアリングが可能になるほか、導入後の運用フォローも容易になります。

③ 長時間労働対策

　毎月の衛生委員会にて部署ごとの時間外労働の状況等の報告を毎月続けて行くと、次第に会社ごとの傾向が現れてきます。例えば、ある特定の部署だけ、ある一定の時期だけ、ある特定の人だけ長時間労働が発生しているなどです。

　こうして状況と傾向が共有されてくると、具体的な対応の検討がやりやすくなります。社内業務で影響の少ないものについては納期の配慮を行うというような部署を越えた協力関係が生まれることもあります。

　ある会社では、特定の従業員にだけ作業が偏っている傾向があることがわかりました。原因と対策について協議を重ねたところ、あるプロジェクトのリーダーでもある衛生委員の一人から「うちから人貸すよ。今ちょうど忙しくない時期だし」という声が挙がり、その従業員の長時間労働の状態は解消されることとなりました。

　同じ会社の従業員でも部署が違うとまるで他人のようになってしまい、全く事情がわからないということはよくあります。しかし、状況を共有することによって、社内で協力して解決に当たることができる可能性もあるのです。

4　マネージャー教育・ミニ研修の場として

　長時間労働の管理には現場マネージャーの協力が必須です。また、派遣社員を受け入れている場合は、派遣社員の労働時間管理も行わなければなりません。そもそも長時間労働の何がいけないのか、会社や従業員自身にはどんな影響があるのか？　労働基準監督署が来たら？　従業員が死亡してしまったら？　三六協定とは何か、などです。

　これらについて、本来であればマネージャーに対する労務管理研修が必要ですが、いきなり研修を提案しても実現は困難であることも多いです。このような場合はまずは衛生委員会のメンバーに理解してもらいましょう。管理者層をはじめとする全従業員にも理解してもらうことが望ましいのですが、さしあたって対象者を絞ったミニ研修のようなものです。ここで必要性を感じてもらえれば、他の管理者へのライン研修等につなげることも可能になりますし、そのための会社との予算交渉もやりやすくなります。

5　メンタルヘルスケア体制のフォローの場として

　メンタルヘルスケアについては、第7章で述べた休職・復職の仕組みやメンタル不調者の早期発見の仕組みの検討について衛生委員会で活用するとよいでしょう。休職・復職の対応は、人事だけでなく現場社員など複数の関係者が協力し合って進めていくことが必要になります。このための理解を深めることや協力体制を構築したり、メンタルヘルスケア体制についての会社の実態に即したスムーズな情報共有の手段のあり方を検討するには、衛生委員会の場は最適であるといえるでしょう。

6 従業員50人未満の会社における 安全衛生管理体制

1 従業員50人未満なら安全衛生にかかわる取 組みをしなくてもよいのか？

　よく従業員50人を超えるとやらなければならないことが増えて大変というような声を耳にすることがあります。確かに衛生管理者の選任、産業医の選任、衛生委員会の実施などは、従業員50人を超えたところから選任義務が発生します。しかし、従業員50人未満でも衛生推進者の選任は義務付けられており、行わなければならない職務は衛生管理者と変わりがありません。免許保持者かそうでないかだけの違いです。

　衛生委員会の実施についても、義務付けられてはいませんが、「安全又は衛生に関する事項について関係労働者の意見を聴くための機会を設けるようにしなければならない」とされていますので、衛生委員会という名前でなくても取り組まなければならない内容は同じなのです。そうであれば、せっかくですから積極的に活用してみてはいかがでしょうか。

　むしろ、50名未満で安全衛生管理体制を整備していない事業場のほうが、衛生管理者と産業医が行うべき事柄を衛生推進者が一人で対応しなければならないこととなり、個人にかかる負担は大きくなります。

　だからこそ、選任義務がなくても専門の産業医等と上手に連携していきたいところです。しかし、それでも産業医の選任には費用も掛かるため、現実的には難しいという場合は地域産業保健センターを利用することも可能です。

2 地域産業保健センターとは

　地域産業保健センターとは、従業員50人未満の事業場を対象に労働安全衛生法で定められた保健指導などの産業保健サービスを提供している機関です。1事業場あたり年2回まで利用が可能です。

　地域産業保健センターでは次のような業務をお願いすることができます。

　・健康診断にて、異常の所見があった従業員に対しての指導を行うこと

　・長時間労働が認められる従業員に対し、面接指導を行うこと

　・ストレスチェックの結果、高ストレスであるとされた従業員に対する面接指導

第9章

人材育成、人材定着への
取組み

1 コンプライアンスに基づいた労務管理と長時間労働の削減

　世の中では人手不足が叫ばれていますが、ITエンジニアについては特に人材採用に悩む声が多く聞かれます。

　人手不足に際しては、採用の工夫はもちろんですが、まずは現在いる従業員の人材定着を図ることが必要だと考えます。現従業員の会社への満足度が高まり、離職率が下がれば結果的に採用力向上にもつながります。魅力的な会社に人は集まります。人材採用及び採用後の人材定着のために考えたいのが次の内容です。

> 1　コンプライアンスに基づいた労務管理と長時間労働の削減
> 2　リーダー層・営業担当者の労務管理教育
> 3　一般従業員教育
> 4　信頼関係の構築
> 5　会社理念の共有と個人のキャリア支援

　従業員にとって自分の会社でコンプライアンスに基づく労務管理が行われているということは、安心と信頼をもたらします。反対に、世の中に「ブラック企業」という言葉が広がる中、自社がコンプライアンスに基づく経営がなされていないということは、それだけで会社への信頼が損なわれるということです。

　例えば、どんなに素晴らしい人事制度や福利厚生があっても、毎月給与計算が間違っていたり、違法な長時間労働が当たり前のように行われていたりというような会社であれば従業員は満足して就業し続けられるでしょうか。

また、システム開発は、長時間労働が発生しやすいといっても最近はITエンジニアの中でも長時間労働は嫌がられる傾向があり、長時間労働が前提であると人材募集においても不利になってきています。労働時間の削減や働きやすい職場の形成は、今後の人材確保、人材定着のためにもぜひ取り組むべき内容です。

2 リーダー層・営業担当者の労務管理教育

　コンプライアンスを実現し、ITエンジニアの働きやすい職場環境を実現するためには、人事側での制度構築のみならず、それを実行するプロジェクトマネージャー、プロジェクトリーダーなどのリーダー層のエンジニアや営業担当者への、自社の就業規則やコンプライアンス上の労務管理に関する教育が非常に重要なものとなります。

　なぜなら、人事から物理的に距離の離れた開発現場で労働者の労務管理を実際に行うのは、現場のリーダー層のエンジニアとなるからです。客先常駐のスタイルをとる場合はなおさらです。発注元や協力会社との人に関する契約を締結したり会社間の問題が発生した場合の交渉を行ったりする場合、多くの場合営業担当者が間に入って調整を行うことになるからです。

　例えば、次のような人事労務管理上行うべきことについて、理解しておくことが必要です。

- ・自社の三六協定では、何時間まで時間外労働を行わせることができるのでしょうか？　そもそも三六協定とは何でしょうか？
- ・長時間労働が発生してしまった場合に、何をすればよいのでしょうか？
- ・残業代未払の場合にはどのようなリスクがあるのでしょうか？
- ・派遣社員を受け入れている場合は、何時間まで働いてもらうことができるのでしょうか？
- ・プロジェクトメンバーがどのような状態のときに人事と連絡を取り合うべきなのでしょうか？

時には、客先から短納期の仕様変更など無理な要求がなされることもあるでしょう。そのような場合でも、プロジェクトメンバーを守るために一番効果的に動くことができるのは現場の人間なのです。契約やコンプライアンス上の知識を持っていれば、ハードルが高い要求に対しても理性的に毅然と交渉を行うことができます。問題が発生してからの対応でなく問題が発生する前に対応できるような知識を身に付けておくことが重要です。

　また、業務委託、SESなどの契約の違いについての教育も必要です。二重派遣や偽装請負等から起こる悲劇は、担当者自身がその問題を知らないということからも発生します。「協力会社から来ている」との契約関係が何なのか、何をどこまで指示してよいのかいけないのかを現場マネージャーが判断できるようになっている必要があります。そうでなければ知らないうちに業務委託の労働者に休日出勤命令を行ったり、直接の業務指示を行ったりしてしまうかもしれません。実際に協力会社のパートナーと業務を遂行しているのは現場のマネージャーです。会社として違法行為を行わないようにするためには、現場マネージャーや営業担当と協力しながら進める必要があります。

　法的な知識については高度な理解が必要となることもあるでしょう。そのような場合には、現場マネージャーや営業担当がすべてを理解することが困難だったとしても、「こんな時は人事担当者に連絡」といったチェックリストを作成しておき人事との間をつなぎやすい体制をとっておくとよいでしょう。

3 一般従業員への教育

1 2種類の教育

　離職率が低く人材が集まる会社の特徴の一つに、社内での教育研修がしっかり行われていることがあります。

　教育は、技術力に関することと技術力以外のことの2種類に分けることができます。エンジニアであれば技術に関する教育が必要であることはもちろんです。技術力の向上によって質の高いプログラムを提供できるようになれば、長時間労働等の問題解消につながり、結果的に働きやすい労働環境を実現することになります。

　質の悪いプログラムは、障害発生の元になります。障害発生によるトラブルには早急に対応しなければなりませんので、突発的に残業でのカバーが必要となりがちです。また、障害復旧後も作業の手戻り等、大きな追加工数が必要となります。ですから、品質の高い納品物を提供できればそれだけ長時間労働のリスクを削減することができるともいえます（もちろん、その分別の仕事を詰め込むようなマネジメントをしないことが前提です）。

　また、エンジニアには、技術の向上に関心がある人や勉強熱心で成長意欲の高い人が多くみられます。教育研修が充実しているということは、そのような人たちの会社への満足度が上がり成長を支援することになります。

　エンジニアに技術に関する教育が行われることは珍しくありませんが、対人コミュニケーション能力や、ビジネスマナー、コンプライアンス等、技術以外の社会人としての一般的な教育も非常に重要です。

システム開発においては、仕様に対する相互理解、内容調整、スケジュールに関するやり取り等の対人交渉が必要となりますし、客先常駐の場合は不特定多数の他社のエンジニアに囲まれて仕事をすることになります。特にメンタルヘルス不調防止のためにも、コミュニケーションに関する教育は活用したいものでもあります。エンジニアだからこそ技術と技術以外の両方の教育が必要なのです。

2 人材不足と人材余剰への対策

　人材不足と同時に、人が余ることも懸念されています。開発そのものを海外に委託すること（オフショア開発）や、技術の進歩によって開発作業も効率化、自動化の流れが進んでいることや安価なクラウドシステムが普及しつつあることもあり、従来型の新規システム開発に関して言えば、需要は減っていき、市場規模が減少するとも想定されているからです。

　「IT人材需給に関する調査」（経済産業省）によると、IT人材は以下の2つに分けられます。

先端IT人材	AIやビッグデータ、IoT等、第4次産業革命に対応した新しいビジネスの担い手として、付加価値の創出や革新的な効率化等により生産性向上等に寄与できる人材
従来型IT人材	従来型ITシステムの受託開発、保守・運用サービス等に係る人材

　先端IT人材に対する需要は今後、急速に増加すると見込まれるものの、従来型IT人材の需要は減少するとの試算が出されています。2030年には、先端IT人材は約38.4万人不足する一方、従来型IT人材は22万人余るとの数字が出されています（次ページ**図表9-1**参照）。

　今後は、プログラムを書くだけではなく、顧客ビジネスを理解し、

IoT 及び AI を活用した IT サービスの市場に対応できる先端 IT 人材の育成を積極的に進めていく必要があります。

◆図表 9 - 1　IT 人材の需給予測

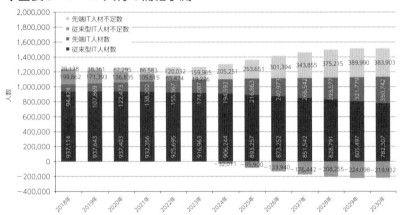

※生産性上昇率0.7%（2010年代の値）、IT 需要の伸びを 1 %（GDP 伸び率と同程度）とした場合の試算

出典：経済産業省「IT 人材需給に関する調査」より

4 信頼関係の構築

1 制度が充実していれば人材は定着するのか？

「制度を整えれば整えるほど、職場に活気がなくなっていく」という言葉を耳にすることがあります。

働きやすい職場を実現するためには、一定の制度が有用であることは確かです。しかし、充実した制度があればそれだけで人材が定着するとは限りません。

例えば、正当な人事評価制度はエンジニアがよく求めるものですが、評価が正当であるかを判断するのは難しいものです。評価者側が正当であると思っていても、評価される側は納得がいっていないということはよくあることです。そのような場合にはかえって本人のやる気をそぐことになってしまいます。

また、資格による評価制度を運用している場合、会社が設定した資格をすべて取得してしまったらその先はどのように評価するのでしょうか？　設定されていない資格を取得した場合は評価されないのでしょうか？　また、評価が正当だったとして、その評価に賃金で報いるとしても、会社で支払うことのできる原資は限られており、青天井で金額によって報いることは難しいのが一般的でしょう。

制度や評価、賃金で留まっている社員は、他でより高く評価してもらえる会社があればそちらに移ります。特に客先常駐が長くなると、会社への帰属意識がなくなり、転職へのハードルがどんどん下がります。よりよい収入と労働条件が提示されればなおさらです。

もちろん、制度構築を否定するわけではありません。従業員の成長を推し進める制度の活用は積極的に進めたいところです。しかしながら、どんなに優れた制度でも制度が機能するためには、その制度を運用している人と人との信頼関係の構築が重要であるということです。

2　給与が高ければ人材は定着するのか？

　ある会社の例を挙げてみましょう。

　その会社には営業とシステム開発、両方の部署がありました。年収を比較すると、営業部のほうがシステム開発部のメンバーよりもはるかに高い傾向がありました。営業部には成績に応じたインセンティブがあったからです。つまりは売れば売るだけ収入が増える仕組みです。

　しかし、離職率を比べると、収入が高いはずの営業部のほうが高く、人材定着率はシステム部のほうが高かったのです。さらに、仕事に対する満足度も営業部よりシステム部のほうが高かったのです。

　営業部員は、常に会社に不満を抱いていました。成績が悪い時は任されるエリアが悪いから結果が出ない、成績が良い時でもインセンティブの率が低いなどです。また、営業部員は同僚でありライバルという関係でもありましたので、何かあっても相談できる仲間がいませんでした。目の前で電話が鳴っていても、それは数字につながる業務ではないので電話に出ることはありませんでした。

　結果的に、周りにいる事務職の女性がフォローすることになり、彼女たちからは不満の声が上がっており、周囲との人間関係は良好ではありませんでした。そうして営業部員は、入社数年経つと同業他社に転職していきました。

　一方で、システム開発部の従業員は、いつもチームのメンバーに感謝しており、「この会社で働くことができて幸せだ」と言っていました。障害発生時に助け合って業務を進めることができる、上司の技術力を尊敬している、相談すると仲間が力になってくれるなどが主な理

由です。また、自分たちの開発したシステムが世の中で稼働している
のをみるとやりがいを感じるといった、業務を通じての社会への貢献
感を感じられるという声もありました。

　これらを通じてわかることは、お金だけで人の心をつなぎとめられ
るわけではなく、仲間との信頼関係や仕事を通じた貢献感が非常に重
要であるということです。

3　信頼関係を構築するには

　では、信頼関係を構築するにはどのようにしたらよいのでしょう
か？　心理学の世界では、人と会う回数を増やすことで信頼関係や好
感度が増すという説があります。

　技術が発達したことによって、人と人とが顔を合わせなくても業務
そのものは可能になりつつあります。顔を見なくても話をしなくて
も、チャットやメールで大抵のことは完結することができます。特に
ITエンジニアはITツールを使いこなす能力が高いので、この傾向は
顕著といえるでしょう。

　しかし、デジタルのツールは、便利な反面、使い方を間違えると人
と人との信頼関係を切り離すものでもあります。インターネット上の
書き込みで炎上するものの多くは、匿名の書き込みによるものではな
いでしょうか。人は、自分から距離の遠い人への攻撃には容赦なくな
ります。また、文字でのコミュニケーションは、細かいニュアンスが
伝わらず、意図しない形で相手に伝わってしまうことがあります。

　ですから、デジタルのツールが発展すればするほど、意識的に人と
人との結びつきを強化し、信頼関係を構築することが必要となってき
ます。そのためには顔と顔を合わせるような仕組みをあえて導入し、
「知らない人」から「仲間」となることができるようなコミュニケー
ションを活性化させる工夫が必要となってきます。では、具体的には
どのようにしたらよいのでしょうか。

4　良い仕事ができる人間関係

　良い仕事ができるための人間関係には次の３つステップがあります。
① 　雑談ができる関係
② 　一緒にご飯を食べることができる関係
③ 　仕事ができる関係

　良い仕事をするには、まず一緒に働く同僚を「仲間」と感じられることと、一緒に働く人を好きになることです。そのためには、リアルなコミュニケーションの場を持つことが必要です。それは一見、業務効率化の逆を言っているように見えるかもしれません。直接の業務生産性を上げるようなものではないからです。

　しかし、エンジニア個人の会社への満足度が上がって離職率が下がれば長期的には会社の損失が削減され、採用や引継ぎにかかるコストが不要となり、業務効率が向上します。また、エンジニア同士の信頼関係が高まれば、チームとしての力が強くなり全体で見れば業務効率は向上するでしょう。長い目で見れば会社に大きく貢献することとなります。

　働き方改革によって労働時間の削減が叫ばれると、「効率」「生産性」が問われがちですが、時代が変わっても技術が発達しても、そこで働いているのは「人間」であることは今も昔も変わりありません。人間関係は効率化できないのです。

5　令和型の帰社日活用のすすめ

　客先常駐案件を抱えている会社では、月１回自社に出社する「帰社日」という制度を設けていることがあります。古くは月１回、出勤時間を記録した勤務表を提出することが目的だったこともあるようですが、今は勤務表の提出だけならわざわざ自社に持参する必要はありま

せん。令和型の帰社日活用の目的は、社員と社員が顔を合わせる機会を作り、社員同士の距離を縮めることです。

　帰社日を有効に活用している会社では、帰社日に合わせて次のような取組みをしている例があります。

- ・会社理念の共有を行う
- ・管理者同士の課題共有を行う（部下のマネジメントに関する情報共有など）
- ・エンジニアの技術勉強会や読書会などを行う
- ・衛生委員会を実施する（衛生委員会を活用した信頼関係の構築については第8章参照）
- ・社員面談を実施する
- ・ランチ会を実施する
  など

　帰社日については、従業員にとっては反発があることも少なくありません。時間の無駄、その分客先作業を行うほうが効率がよいとも思えてしまうからです。初期の段階では、帰社日の価値観を共有するのは時間がかかると思って根気よく取り組むほかないでしょう。また、帰社日の帰社状況を評価の項目に取り入れるなどの工夫をしている会社もあります。どうしても帰社することが難しければ、隔月にしたり、時にはWeb会議で代替したりすることなどを考えてもよいでしょう。

　「会社への帰属意識の向上」を目的にしないことも大切です。それでは、会社側の離職防止のために制度を利用しているに過ぎず従業員側からすると、会社の都合のために業務を犠牲にさせられる日という印象しか伝わりません。帰属意識の向上とは、結果的に発生するものです。令和型の帰社日は、従業員を従わせるためでなく従業員同士及び会社と従業員の信頼関係を強くすることによって、従業員自身が心地よく能力を発揮できる人間関係と環境を作るためという視点で活用していきましょう。

6 社員がつながる仕組み

　最近の新入社員は社内の飲み会やイベントに参加したがらないという声が聞かれることがありますが、人と集まるのが好きではないのでしょうか？　いえ、そうではないでしょう。会社のイベントには参加しなくても、SNSで知り合った知人など、会社を離れたところでのイベントなどは活発に行われています。「会社の人」とつながることを避けたがっているだけで、人とつながることそのものが嫌いなわけではないということです。つまり、問題は社内イベントそのものではなく、それ以前の人間関係にあるということです。

　しかし、よく考えてみてください。仕事以外では関わりたくない人と一緒に仕事をするのと、仕事のみならず人として信頼し合える仲間と一緒に仕事をするのとではどちらが良い仕事ができるでしょうか？どちらの会社で働きたいと思うでしょうか？

　従業員の離職率防止に取り組む会社では、社員がつながる仕組み、コミュニケーション活性化の仕組みとして次のような工夫をしている例があります。

・ランチ代補助制度

　従業員同士でランチに出かける場合に、会社から一定額の補助金が支給される制度です。

・誕生月ランチ会

　社内の誕生月が同じ社員を集めてランチ会を行うものです。

・クラブ活動支援

　一定人数を集めての趣味のクラブ活動に対して補助金を出したり会社の公認活動としてミーティングルームの提供等支援を行うものです。スポーツ系の部活動でしたら、コミュニケーション活性化だけでなく健康の増進にも役立つ効果もあります。

7 家族参加型イベント

　バーベキュー、クリスマス会等の社内イベントを家族参加型にする取組みによって、横の関係を強化するものです。場合によっては、恋人やペットなどを同伴可にするのもよいでしょう。また、オフィスを紹介するオフィスツアーなどを行うこともできるでしょう。家族参加型イベントを実施することの目的は以下の3つです。

- ・日頃会社に貢献してくれている社員の家族に感謝を伝えること
- ・家族を巻き込むことによって、従業員が家族に応援してもらえる仕組みをつくること
- ・従業員同士はもちろんのこと、働く背景にいる家族の顔を共有することによって、双方が応援し合いたくなる仕組みを作ること

　例えば、繁忙期に子どもが熱を出して休みたいという連絡が入ったとします。「この忙しい時に」と思うかもしれません。文句の一つも言いたくなるでしょう。ここで「この忙しい時に困るんだよね」などと言ってしまったら、状況によってはパワハラ、マタハラという問題にも発展しかねません。

　しかし、熱を出した子が知っている子どものことだったらどうでしょうか？　「大丈夫かな、お大事にね」と応援する気持ちも生まれてきやすくなるのではないでしょうか。従業員が働く背景を知るということは、チームワークを強固にすることにもつながるのです。

**5　会社理念の共有と個人の
キャリア支援**

　エンジニアの口から漏れる転職理由として、長時間労働等の労働環境の過酷さに加えて、キャリアアップできない、やりたいことと業務内容が合わないというようなものが挙げられます。

1　エンジニアのキャリア支援

　例えば、従来からある IT エンジニアの典型的なキャリアパスとしては、次のようなものがあります。

プログラマー⇒SE⇒プロジェクトリーダー⇒プロジェクトマネージャー

　これは19ページの開発の流れでいうと、下から上に登っていく過程と一致します。それぞれの工程において 2 ～ 4 年程度経験を積んだ後で上の工程に上がっていくイメージです。

　しかし、元請⇒一次請⇒二次請という多重階層構造でのシステム開発を行っている場合、それぞれの会社ごとにこれらの役割が固定化されてしまっている場合があります。すなわち、プログラム作成の工程をメインに請け負っている会社ではプログラム作成の仕事しかできず、その会社にいる限りは設計の工程を行うことはできないということです。エンジニアからすれば、長時間労働で精神的に疲弊する中、未来への夢が見られずにキャリアアップして上位の仕事を目指すためには転職するしかないということになります。

　反対に、プロジェクトマネージャーになりたいというエンジニアばかりではありません。プログラマーを極めたいエンジニアにとって

は、プロジェクトリーダーになったらプログラム作成そのものの作業からは離れることになりますので、それもストレスを抱えることになります。プログラマーとして優秀だからといってプロジェクトリーダー、プロジェクトマネージャーに昇進させるのではなく、目指す方向性に合わせて技術職を追求するようなコースを設けることや、新しい時代のシステム開発の変化に対応できる多様なキャリアパターンを設計していくことも必要でしょう。

2 あるエンジニアが転職をやめた話

　あるエンジニアは、将来のキャリアへの不安から転職活動を始めました。入社以来、プロジェクトごとに外注先を転々として作業を行う年月が続き、このままでは現場の消耗品として終わってしまうのではないかとの不安がありました。彼はもっと顧客に近いところでもっと大きい権限と責任をもってシステム開発に関わっていきたいと考えていました。そして、転職活動の結果、現在の会社より上位の工程に携わることができる会社から年収アップの条件で内定をもらうことができました。

　しかし、悩んだ末、最終的には現在の会社に残ることにしました。彼が留まる決心をしたのは、社長自らが会社の今後の方針と想いを語り、その中でこれからその従業員に期待する役割と未来のキャリアビジョンを示したことでした。

　受注する業務の内容や取引企業との関係をすぐに変えることは難しいでしょう。しかし、

・従業員がどのようなキャリアを築きたいと考えているのか、今後どのように生きていきたいと考えているのか（上位の工程に関わりたい、現在のポジションでの業務を極めたいなど）
・社長が、会社を今後どのような方向に進めていきたいと考えているのか、その中で、従業員にどのような役割を期待しているのか

これらを共有してお互いできることを探すことはできるのではないでしょうか。

第 10 章

多様な働き方の実現と
人材活用への取組みに向けて

1 リモートワーク

「働き方改革実行計画」においては、柔軟な働き方への取組みが推奨されています。その中でも IT エンジニアからの質問が多いものについていくつか取り上げてみましょう。

リモートワークは、一般には遠隔で仕事をすることを指します。似た言葉に「テレワーク」があります。テレワークとは、情報通信技術（ICT = Information and Communication Technology）を活用した、場所や時間に捉われない柔軟な働き方のことを指します。遠隔で仕事を行うには情報通信技術の活用は必須ともいえ、現在ではテレワークとリモートワークの厳密な定義の差はないと考えて差し支えないと思いますので、本書においては両者を区別せずリモートワークと呼びます。

リモートワークは、柔軟な働き方の一つとして関心が高まっているものでありますが、成功させるには以下の 3 つの要件を満たすことが必要です。

1　作業の特性がリモートワークに適していること
2　適切な評価が可能であること（アウトプットが見やすいこと）
3　信頼関係が構築されていること及び社員の自主性が成熟していること

1 作業の特性がリモートワークに適していること

郵便物の授受がある、紙の作業を行わなければならない、特定の道具を使用しなければならないなどその場所にいなければできない作業は、当然のことながらリモートワークには向いていません。しかし、システム開発はパソコンさえあれば業務そのものは可能ですので、作業の特性という意味ではリモートワークに向いているともいえます。

2 適切な評価が可能であること（アウトプットが見えやすいこと）

管理者からすれば見えないところで業務を行っているわけですから、悪意を持った言い方をすれば、遊んでいてもわかりません。ですから、一般的には作業の内容やアウトプットが量としてわかりやすいもののほうが向いているともいわれますが、システム開発の場合にはそういうわけにもいきません。

例えば、複雑な問題解析を行う場合や障害対応などにおいては、非常に時間や労力がかかったとしても修正箇所はわずか1行にしかならないこともあります。反対に、大量のプログラムを作成しても、能力が高い、仕事量が多いということにはなりません。簡単なものであればほぼ複製でできてしまうことがあったり、質の悪いプログラムほどプログラムが長く、質が高く効率の良いプログラムほど量が少ないということもあるからです。

これらを考慮しつつ、リモートワークを順調に行っている会社では、作業に対する評価の方法として、顧客からの評価や契約継続率から能力や作業内容を判断することや、売上と作業時間の関係からインセンティブに反映するなど、工夫している例があります。

また、ある作業の時間や難易度の見積もりを出すことが可能なもの

については、それらの見積もりから作業量を割り出して判断や評価を行っている場合もあります。クラウド上でのプロジェクト管理ツールなどを活用することも有効でしょう。

3 信頼関係が構築されていること及び社員の自主性が成熟していること

テクノロジーが発達している現代において、手段という面からだけ言えば、リモートワークは多くの業務において可能といえるでしょう。しかし、リモートワークを成功させるカギは、従業員同士での信頼関係に基づく成熟した人間関係が構築されていることと、指示、監視されなくても自らの作業を行うことができる高い自己管理能力を持っていることでしょう。

大手企業の中には、一度リモートワークを導入したけれどもあえてリモートワーク非推奨の立場に転換した例も見られます。理由は下記のようなものです。

・良い仕事をするには心理的安全性（※）が重要であり、そのためには顔と顔を合わせて行う何気ないコミュニケーションが大切だから
・チームとのやり取りが少なくなることで作業効率が下がるから
・何気ない会話や交流の中からイノベーションが生まれるから
　※　心理的安全性とは、簡単に言えば、「何を言っても大丈夫、居場所がある」ということです。

何かを発言するのに、「あんなことを言ったらバカにされるのではないか」「こんなことを言ってもよいのだろうか」といった不安を抱えている状態では良いアウトプットは生まれません。

リモートワークにおいては、離れた場所で作業を行うからこそさらに意識的に心理的安全性を高め、信頼関係を構築するための仕組みが必要になります。

リモートワークを成功させている企業の共通点は、遠隔で業務を行いつつも人と人の距離が離れないよう保つことや信頼関係を構築するための工夫をしていることです。例えば、次のような取組みが見られます。

- ・入社後一定期間（1年、2年など）はオフィスに出勤しての通常勤務として、人間関係と信頼関係を築いてからリモートワークを利用する
- ・フルリモートワーク（勤務日のすべてをリモートワークにすること）ではなく週何日など日数を限定する
- ・会社が指定した日には出社することを義務付ける
- ・社内イベントを充実させ、対面での人間関係を深める機会を設ける
- ・家族参加型イベントを行い、従業員とその家族の顔まで共有する
- ・SNSなどのツールを利用して、気軽なコミュニケーションを図ることが可能となるようにする
  など

　リモートワークの導入については、技術面だけを見て単に推奨/非推奨の立場をとるのではなく、会社として大切にしたいことや会社の文化に合うやり方を上手に採り入れ、工夫することが必要でしょう。

2 副　業

1 副業をめぐる世の中の動き

　副業を希望する声が増えています。ITエンジニアにおいては特にその傾向が見られるように思います。厚生労働省のモデル就業規則においては、副業についての規定の表現が「原則禁止」から「原則認める」よう変更されました。

（副業・兼業）
第68条　労働者は、勤務時間外において、他の会社等の業務に従事することができる。
2　労働者は、前項の業務に従事するにあたっては、事前に、会社に所定の届出を行うものとする。
3　第1項の業務に従事することにより、次の各号のいずれかに該当する場合には、会社は、これを禁止又は制限することができる。
　①　労務提供上の支障がある場合
　②　企業秘密が漏洩する場合
　③　会社の名誉や信用を損なう行為や、信頼関係を破壊する行為がある場合
　④　競業により、企業の利益を害する場合

出典：厚生労働省「モデル就業規則」より

　副業を希望する人の推移は次のようになっています。

◆図表10-1　副業希望者と雇用者全体に占める割合

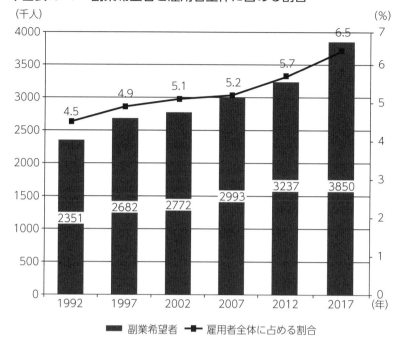

出典：厚生労働省「複数就業者の労災給付について」より

　副業・兼業のメリットと留意点について、厚生労働省の「副業・兼業の促進に関するガイドライン」では次ページのようなものが挙げられています。

【労働者側】

メリット

① 離職せずとも別の仕事に就くことが可能となり、スキルや経験を得ることで労働者が主体的にキャリアを形成することができる。

② 本業の所得を活かして、自分がやりたいことに挑戦でき、自己実現を追求することができる。

③ 所得が増加する。

④ 本業を続けつつ、よりリスクの小さい形で将来の起業・転職に向けた準備・試行ができる。

留意点

① 就業時間が長くなる可能性があるため、労働者自身による就業時間や健康の管理も一定程度必要である。

② 職務専念義務、秘密保持義務、競業避止義務を意識することが必要である。

③ １週間の所定労働時間が短い業務を複数行う場合には、雇用保険等の適用がない場合があることに留意が必要である。

【企業側】

メリット

① 労働者が社内では得られない知識・スキルを獲得することができる。

② 労働者の自律性・自主性を促すことができる。

③ 優秀な人材の獲得・流出の防止ができ、競争力が向上する。

④ 労働者が社外から新たな知識・情報や人脈を入れることで事業機会の拡大につながる。

留意点

① 必要な就業時間の把握・管理や健康管理への対応、職務専念義務、秘密保持義務、競業避止義務をどう確保するかという懸念への対応が必要である。

出典：厚生労働省「副業・兼業の促進に関するガイドライン」より

2 　副業の３つのパターン

副業・兼業には大きく分けて次の３つのパターンがあります。
- ・他社で雇用される
- ・個人事業主として業務委託契約にて他社と契約して活動する
- ・起業する

　副業・兼業を行うことそのものに法的規制はありませんが、会社として認めるのであれば手続きとしては許可制にする必要があります。個人事業主として兼業する場合はもちろんですが、自社、副業先双方で雇用される場合は特に労務管理上非常に大きなリスクがあるからです。

3 　過重労働と労災

　副業・兼業は、安全配慮義務の観点からもリスクが高い部分があります。長時間労働と脳血管疾患等の関連については医学的に証明されているところですが、自社での就業時間が長時間でなくても、副業先・兼業先の労働時間と合わせて過度な労働時間になってしまうこともあるでしょう。

　健康障害を回避するためには、時には他社でのオーバーワークをカバーするために、自社のほうで労働時間の調整に応じる覚悟が必要になるかもしれません。また、副業を行っている労働者に万が一過重労働に伴う問題が発生した場合は、どちらの会社が責任を負うべきなのかの判断や労働時間通算の仕組みも複雑になります。

4 副業を認める場合のチェックポイント

　これらの特徴を踏まえ、副業を認める際のチェックポイントをまとめると次のようになります。

① どのような就業形態の副業を認めるか決めておくこと（業種、職種、就業時間など）
② 副業、兼業に関する届出の手続きを明らかにしておくこと（会社からの承認を得るようにしておく、または届出制にするなど）
③ 副業、兼業先での業務状況の把握方法などを決めておくこと（報告の頻度、タイミングなど）
④ 健康状態の確認方法について定めておくこと（著しい長時間労働や不規則な勤務にならないこと）
⑤ 機密情報保護に関する取り決めを改めて行うこと
⑥ 許可取消しの条件を定めておくこと

5 副業の活用

　副業を認めるに当たっては会社として気を付けるべき事柄がいくつかありますが、自社の社員が他社で副業を行うことを想定するだけでなく自社で副業人材を受け入れることを検討してもよいでしょう。

　技術の進歩が急速に進み新しい技術がどんどん生まれては消えていく中、すべての技術に対応できるエンジニアを常に確保していくのは非常に困難になっていくでしょう。競業避止等の観点から同業他社での副業を認めない例はよくありますが、優秀なエンジニアについては、複数社でそのスキルや知恵を共有するという意味で、将来的には柔軟な対応が求められてくることが予想されます。その際は、第1章で述べたような契約形態に基づいて契約書を交わし、正しく運用を行うことも必要です。

また、副業に関する労働時間や労災の取扱いは法整備が見直されつつありますので，最新の法改正情報に注意を払う必要もあります。

　副業・兼業には利点と注意点があります。会社及び働く側双方にとって有意義な運用を行うことができるように取組みを進める必要があります。

外国人労働者の人材活用について

1 データで見る情報通信業における外国人労働者

　ITエンジニアの深刻な人手不足を背景として、国内で雇用される外国人労働者が増加しつつあります。厚生労働省の外国人雇用状況報告によると、外国人を雇用する事業所数は年々増えています。

◆図表10-2　外国人を雇用している事業所数（情報通信業）

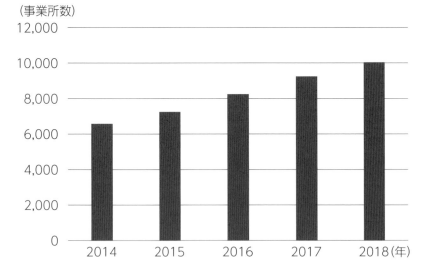

　情報通信業における国籍別外国人労働者数は次ページ図のとおりとなっており、中国からの労働者が約半数を占めていることがわかります。

◆図表10-3　情報通信業における国籍別外国人労働者数

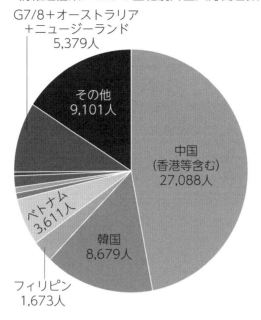

出典：厚生労働省「外国人雇用状況の届出状況表一覧」（平成30年10月末現在）
　　　より作成

2　外国人を雇用する際に確認すべきこと

　外国人が日本で就労する際は一定の資格が必要となります。ですから、外国人を雇用する際はまずはこの資格が適正であるかどうかを確認する必要があります。具体的には次のものを確認する必要があります。

①　在留カード

　日本に中長期間滞在する外国人の方に交付されるもので、特別永住者を除き、在留カードを持っていない場合は原則として就労できません（特別永住者は在留カードの代わりに特別永住者証明書を所持する

こととなります）。

②　在留資格、在留期間を確認

　在留カードには、在留資格及び在留期間が記載されていますので、これが適正であるかどうかを確認する必要があります。

・在留資格で認められた範囲内での就労が可能な在留資格

　次の在留資格は、認められた範囲内での就労が可能となるものです。IT エンジニアは次の表の「技術」が該当することとなります。

外交	外国政府の大使、公使、総領事等及びその家族
公用	外国政府もしくは国際機関等の公務に従事する者及びその家族
教授	大学教授等
芸術	作曲家、画家、著述家等
宗教	外国の宗教団体から派遣される宣教師等
報道	外国の報道機関の記者、カメラマン
高度専門職	高度な専門的能力を有する者
経営・管理	会社の経営者・管理者
法律・会計業務	弁護士、公認会計士等
医療	医師、看護師、歯科医等
研究	政府関係機関や企業等の研究者
教育	高等学校・中学校等の語学教師等
技術・人文知識・国際業務	機械工学の技術者、通訳人、デザイナー、経営コンサルタント等
企業内転勤	外国の事務所からの転勤者
介護	介護福祉士
興行	俳優、歌手、ダンサー、プロスポーツ選手等
技能	外国料理の調理師、スポーツ指導者、航空機等の操縦者、貴金属等の加工職
技能実習	技能実習生

出典：「外国人労働者雇用マニュアル」（東京都）より抜粋

・業務の制限なく就労可能な在留資格

　業務の種類に関係なく就労が可能な資格としては、下記が挙げられます。

永住者	法務大臣から永住の許可を受けたもの
日本人の配偶者等	日本人の配偶者・実子・特別養子
永住者の配偶者等	永住者・特別永住者の配偶者及び日本で出生し、引き続き在留している実子
定住者	日系3世等

・就労が認められていない在留資格

　留学生などは原則、就労が認められていません。ただし、「資格外活動許可」を得ている場合は、許可された範囲内での就労が可能になります。例えば、1週間28時間以内などです。どこまで許されるのかについては在留カード裏面に記載されることとなりますので、確認するようにしましょう。

③　不法就労者を雇用するとどうなるのか

　就労が認められない外国人や在留期間を超えて滞在している外国人を雇用した事業主、その雇用をあっせんした者については、下記の罰則が設けられています。

> 3年以下の懲役もしくは300万円以下の罰金

　また、不法就労した外国人本人は強制退去等に処せられることとなりますので、雇用時の確認をしっかり行うことが必要となります。

3 ハローワークへの届出

　外国人を雇用した際は、採用時及び退職時にハローワークに届出を行う必要があります（外国人の雇用状況届出：雇用対策法第28条）。

　必要な届出は下記となります。

雇用保険の被保険者となる場合	雇用保険の資格取得届に所定の事項を記載する。
雇用保険の被保険者とならない場合	「外国人雇用状況届出書」を提出する

　ポイントは、雇用保険の被保険者でなくても届出が必要だということです。雇用保険の被保険者であれば資格取得・喪失手続と同時に行うため漏れが少なくなりますが、雇用保険の被保険者とならない場合は忘れがちなので注意が必要です。

4 外国人労働者の雇用管理

　外国人を雇用した場合、日本で就労する限りは国籍を問わず、労働関係法令が適用になります。外国人だからといって低賃金で雇用する、社会保険に加入しない等は許されず、すべて日本人と同じように扱う必要があるということです。外国人を雇用する際に遵守すべき事柄としては、労働施策総合推進法に基づいて「外国人労働者の雇用管理の改善等に関して事業主が適切に対処するための指針」が定められています。

　ポイントは次のようなものとなります。

①　基本的な考え方

　・事業主は、労働関係法令及び社会保険関係法令を遵守すること

・外国人が適正な労働条件及び安全衛生の下、在留資格の範囲内で、能力を発揮しつつ就労できるよう、指針で定める事項について措置を講じること

② 事業主が講じるべき措置

・外国人労働者の募集及び採用の適正化
・適正な労働条件の確保
・安全衛生の確保
・雇用保険、労災保険、健康保険及び厚生年金保険の適用
・適切な人事管理、教育訓練、福利厚生等
・解雇の予防及び再就職の援助

③ 外国人労働者の雇用労務責任者の選任

・外国人労働者を10人以上雇用するときは、人事課長等を雇用労務責任者として選任すること

5 英語による労働条件通知、就業規則の作成

　労働条件についての認識相違を防ぐためにも、労働条件については英語のものを用意するとよいでしょう。厚生労働省からは外国人労働者向けモデル労働条件通知書の雛形が用意されていますので、1から作成するのが困難な場合は、まずは次ページを参考に自社向けにアレンジすることもできます。

◆外国人労働者向けモデル労働条件通知書

Notice of Employment
労働条件通知書

Date: _____
年月日

To: _____ 殿

Company's name _____
事業場名称（ローマ字で記入）

Company's address _____
所在地（ローマ字で記入）

Telephone number _____
電話番号

Employer's name _____
使用者職氏名（ローマ字で記入）

I.　Term of employment
　契約期間

Non-fixed,　　　　Fixed*　　　(From　　　to　　　)
期間の定めなし　　期間の定めあり（※）（　年　月　日　～　年　月　日）

[If the employee is eligible for an exception under the Act on Special Measures for Fixed-term contract Workers with Specialized Knowledge, etc.]
【有期雇用特別措置法による特例の対象者の場合】

Period in which the right to apply for conversion to indefinite term status is not granted: I (highly skilled professional), II (elderly person after retirement age)
無期転換申込権が発生しない期間：Ⅰ（高度専門）・Ⅱ（定年後の高齢者）

I. Period from beginning to end of specific fixed-term task (　　　months from　　　 [maximum of 10 years])
Ⅰ 特定有期業務の開始から完了までの期間（　　年　　か月（上限10年））

II. Period of continuous employment after reaching mandatory retirement age
Ⅱ 定年後引き続いて雇用されている期間

II.　Place of Employment
　就業の場所

III.　Contents of duties
　従事すべき業務の内容

If the employee is eligible for an exception under the Act on Special Measures for Fixed-term contract Workers with Specialized Knowledge, etc. (highly skilled professional)
【有期雇用特別措置法による特例の対象者（高度専門）の場合】

・Specific fixed-term task (　　　　　Start date:　　　　　End date:　　　　　)
・特定有期業務（　　　　　開始日：　　　　　完了日：　　　　　）

IV.　Working hours, etc.
　労働時間等

1.　Opening and closing time:
　始業・終業の時刻等

(1)　Opening time (　　　　　) Closing time (　　　　　)
　　始業（　時　　分）　終業（　時　　分）

[If the following systems apply to workers]
【以下のような制度が労働者に適用される場合】

(2)　Irregular labor system, etc.: Depending on the following combination of duty hours as an irregular (　　) unit work or shift system.
　　変形労働時間制等：（　　）単位の変形労働時間制・交代制として、次の勤務時間の組み合わせによる。

┌ Opening time (　　) Closing time (　　) (Day applied:　　　　　)
│ 始業（　時　分） 終業（　時　分） （適用日　　　　　）
├ Opening time (　　) Closing time (　　) (Day applied:　　　　　)
│ 始業（　時　分） 終業（　時　分） （適用日　　　　　）
└ Opening time (　　) Closing time (　　) (Day applied:　　　　　)
　始業（　時　分） 終業（　時　分） （適用日　　　　　）

(3)　Flex time system: Workers determine opening and closing time.
　　フレックスタイム制；始業及び終業の時刻は労働者の決定に委ねる。
　　[However,　　flex time:　　(opening) from (　　) to (　　　)　;
　　（ただし、フレキシブルタイム　（始業）（　）時（　）分から（　）時（　）分、
　　　　　　　　　　　　　　　　　(closing) from (　　) to (　　)
　　　　　　　　　　　　　　　　　（終業）（　）時（　）分から（　）時（　）分、
　　　　　　　　Core time:　　from (opening) (　　) to (closing) (　　)]
　　　　　　　　コアタイム　　（　）時（　）分から（　）時（　）分）]

(4)　System of deemed working hours outside workplace: Opening (　　　　　) Closing (　　　　　)
　　事業場外みなし労働時間制：始業（　時　分）終業（　時　分）

(5)　Discretionary labor system: As determined by workers based on opening (　　　　　) closing (　　　　　)
　　裁量労働制：始業（　時　分）終業（　時　分）を基本とし、労働者の決定に委ねる。

○ Details are stipulated in Article (　), Article (　), Article (　) of the Rules of Employment
　詳細は、就業規則第（　）条～第（　）条、第（　）条～第（　）条、第（　）条～第（　）条

2. Rest period (　　) minutes
　　休憩時間（　　）分
3. Presence of overtime work (Yes:　No:　)
　　所定時間外労働の有無（　有 ． 無　）

V.　Days off
　　休日
- Regular days off: Every (　　　　), national holidays, others (　　　　　　)
　　定例日；毎週(　)曜日、国民の祝日、その他（　　　　　　　）
- Additional days off: (　　　　) days per week/month, others (　　　　　　)
　　非定例日；週・月当たり（　）日、その他（　　　　　　）
- In the case of irregular labor system for each year: (　　　　) days
　　１年単位の変形労働時間制の場合－年間（　　　）日
○ Details are stipulated in Article (　　), Article (　　), Article (　　) of the Rules of Employment
　　詳細は、就業規則第(　)条～第(　)条、第(　)条～第(　)条、第(　)条～第(　)条

VI.　Leave
　　休暇
1. Annual paid leave:　　　Those working continuously for 6 months or more, (　　　) days
　　年次有給休暇　　　　　６か月継続勤務した場合→(　)日
　　　　　　　　　　　　　Those working continuously up to 6 months, (Yes:　No:　)
　　　　　　　　　　　　　継続勤務６か月以内の年次有給休暇 （　有 ． 無　）
　　　　　　　　　　　　　→ After a lapse of (　　　) months, (　　　) days
　　　　　　　　　　　　　　（　）か月経過で（　）日
　　　　　　　　　　　　　Annual paid leave (in hours) (Yes:　No:　)
　　　　　　　　　　　　　時間単位年休 （　有 ． 無　）
2. Substitute days off (Yes:　No:　)
　　代替休暇 （　有 ． 無　）
3. Other leave:　　　　　Paid　　　(　　　　　　　　　)
　　その他の休暇　　　　有給　　　(　　　　　　　　　)
　　　　　　　　　　　　Unpaid　(　　　　　　　　　)
　　　　　　　　　　　　無給　　　(　　　　　　　　　)
○ Details are stipulated in Article (　　), Article (　　), Article (　　) of the Rules of Employment
　　詳細は、就業規則　第(　)条～第(　)条、第(　)条～第(　)条、第(　)条～第(　)条

VII.　Wages
　　賃金
1. Basic pay (a) Monthly wage (　　　　　　　) yen)　(b) Daily wage (　　　　　　yen)
　　基本賃金　　月給（　　　　　円）　　　　日給（　　　　　円)
　　　　　　　(c) Hourly wage (　　　　　　) yen)
　　　　　　　時間給（　　　　　円）
　　　　　　　(d) Payment by job (Basic pay:　　　　　yen: Security pay:　　　　yen)
　　　　　　　出来高給（基本単価　　　　　円、保障給　　　　　円)
　　　　　　　(e) Others (　　　　　yen)
　　　　　　　その他（　　　　　円）
　　　　　　　(f) Wage ranking stipulated in the Rules of Employment
　　　　　　　就業規則に規定されている賃金等級等
2. Amount and calculation method for various allowances
　　諸手当の額及び計算方法
　　(a)　(　　　　) allowance:　　　　yen;　Calculation method:　　　　　　　　　　)
　　　　　(　　　　) 手当　　　　　　円／　　計算方法：　　　　　　　　　　　)
　　(b)　(　　　　) allowance:　　　　yen;　Calculation method:　　　　　　　　　　)
　　　　　(　　　　) 手当　　　　　　円／　　計算方法：　　　　　　　　　　　)
　　(c)　(　　　　) allowance:　　　　yen;　Calculation method:　　　　　　　　　　)
　　　　　(　　　　) 手当　　　　　　円／　　計算方法：　　　　　　　　　　　)
　　(d)　(　　　　) allowance:　　　　yen;　Calculation method:　　　　　　　　　　)
　　　　　(　　　　) 手当　　　　　　円／　　計算方法：　　　　　　　　　　　)
3. Additional pay rate for overtime, holiday work or night work
　　所定時間外、休日又は深夜労働に対して支払われる割増賃金率
　　(a) Overtime work:　Legal overtime　60 hours or less per month (　) %　over 60 hours per month (　) %　Fixed overtime (　) %
　　　　所定時間外　　　法定超　　　　月60時間以内（　）%　　　月60時間超（　）%　　所定超（　）%
　　(b) Holiday work:　Legal holiday work (　) %　　　　　　Non-legal holiday work (　) %
　　　　休日　　　　　法定休日（　）%　　　　　　　　　　法定外休日（　）%
　　(c) Night work (　　　) %
　　　　深夜（　　　）%
4. Closing day of pay roll : (　　　) – (　　　) of every month;(　　　)–(　　　) of every month
　　賃金締切日　　　　　　（　　　）－ 毎月（　　）日、　　（　　　）－ 毎月（　　）日
5. Pay day : 　　　　　　　(　　　) – (　　　) of every month;(　　　)–(　　　) of every month
　　賃金支払日　　　　　　（　　　）－ 毎月（　　）日、　　（　　　）－ 毎月（　　）日
6. Method of wage payment (　　　　　　　　)
　　賃金の支払方法（　　　　　　　　　　）

VIII.　Items concerning retirement
　　　　退職に関する事項

1. Retirement age system　　[Yes: (　　　　old) ;　No:　　]
　　定年制　　　　　　　　（　有　（　　歳），　無　）
2. Continued employment scheme　　[Yes: (Up to　　　years of age); No:]
　　継続雇用制度　　　　　　　　　（有　（　　歳まで），無　）
3. Procedure for retirement for personal reasons [Notification should be made no less than (　　　) days before the retirement.]
　　自己都合退職の手続（退職する（　　）日以上前に届け出ること）
4. Reasons and procedure for the dismissal:
　　解雇の事由及び手続

　　○ Details are stipulated in Article (　　), Article (　　), Article (　　) of the Rules of Employment
　　　詳細は、就業規則第(　)条～第(　)条、第(　)条～第(　)条、第(　)条～第(　)条

IX.　Others
　　　その他
　　• Joining social insurance [Employees' pension insurance; Health insurance; Employees' pension fund; other: (　　　　)]
　　　社会保険の加入状況（　厚生年金　健康保険　厚生年金基金　その他　（　　　　　　）)
　　• Application of employment insurance: (Yes:　　No:　　)
　　　雇用保険の適用（　有　，　無　）
　　• Consultation office for items concerning improvement of employment management, etc.
　　　雇用管理の改善等に関する事項に係る相談窓口
　　　Name of office (　　　　　) Person in charge (　　　　　) (Tel. No.　　　　　)
　　　部署名（　　　　　）担当者職氏名（　　　　　）(連絡先　　　　　)
　　• Others
　　　その他

*To be entered in case where, with regard to "Period of contract," you answered: "There is a provision for a certain period."
(※)「契約期間」について「期間の定めあり」とした場合に記入

Renewal 更新の有無	1. Renewal of contract 契約の更新の有無 [• The contract shall be automatically renewed. • The contract may be renewed. （自動的に更新する　　　　　　　　更新する場合があり得る • The contract is not renewable. • Others (　　　)] 契約の更新はしない　　　　その他　（　　　）) 2. Renewal of the contract shall be determined by the following factors: 契約の更新は次により判断する。 • Volume of work to be done at the time the term of contract expires 契約期間満了時の業務量 • Employee's work record and work attitude • Employee's capability 勤務成績、態度　　　　　　　　　能力 • Business performance of the Company • State of progress of the work done by the employee • Others(　　) 会社の経営状況　　　　　従事している業務の進捗状況　　　　その他(　　)

*The following explains cases where a "defined period" is provided with regard to the "period of contract."
※以下は、「契約期間」について「期間の定めあり」とした場合についての説明です。

In accordance with the provision of Article 18 of the Labor Contract Act, in case the total period of a labor contract with a defined period (to commence on or after April 1, 2013) exceeds five consecutive years, such labor contract shall be converted to a labor contract without a definite period, effective the day after the last day of the former period of contract, upon the request of the worker concerned made by the last day of said period of contract. However, if the employee is eligible for an exception under the Act on Special Measures for Fixed-term contract Workers with Specialized Knowledge, etc., this period of "five years" will become the period provided for the "term of employment" in this Notice.
労働契約法第18条の規定により、有期労働契約（2013年4月1日以降に開始するもの）の契約期間が通算5年を超える場合には、労働契約の期間の末日までに労働者から申込みをすることにより、当該労働契約の期間の末日の翌日から期間の定めのない労働契約に転換されます。ただし、有期雇用特別措置法による特例の対象となる場合は、この「5年」という期間は、本通知書の「契約期間」欄に明示したとおりとなります。

Employee (signature) _____
受け取り人（署名）

英語の労働条件通知書、就業規則を作成する場合には、日本語と英語で解釈が異なった場合はどちらを優先するかを明記しておくとよいでしょう。異なる言語であるためどうしても言葉のニュアンスに差異が出ることがあります。トラブルの際はそのわずかな違いで解釈の曖昧さが発生してしまうことがあるためです。

6 文化の違いを理解する

　外国人雇用において考えなければならないのは、手続きの面はもちろんですが異なる価値観を持つ者同士の相互理解です。

　外国人と日本人では、背景にある文化が異なります。例えば、遅刻や時間を守ることに対する考え方、家族、仕事、休日、宗教その他、価値観が異なることを前提に相互理解を深めていく必要があります。

　情報通信業における外国人労働者は、約半数が中国人となっていますが、中国人であれば旧正月は自分の国に帰省することが考えられますので、あらかじめ予測しての人員計画を立てることなども必要でしょう。

　また、外国人労働者は諸事情により、突然帰国する可能性もあります。いつ退職されても大丈夫な体制を作っておくこともリスク回避としては必要となります。

第 11 章

従業員の問題行動への対応

1　従業員の問題行動への基本の対応

　会社が従業員のための働く環境を整備しても、すべての従業員が会社にとって望ましい行動をとり、最高のパフォーマンスを発揮してくれるとは限りません。

　問題行動への基本の対応フローは次のものとなります。

1　話を聴く
2　教育・指導を行う
3　行動が改まらなければ懲戒処分を行う
4　労働契約の解消（解雇・退職）を検討する

　いきなり「解雇したい」という相談を受けることは少なくありませんが、対応には段階を踏むことが必要です。

1　話を聴く

　会社側からは望ましくないと思われる行動でも、たいていの場合、社員のほうにも言い分があります。まずは相手の話を聴きましょう。これは事実を明らかにすることはもちろんですが、相手の感情を落ち着かせるためでもあります。多くの労使トラブルの問題の根は感情のぶつかり合いにあります。初期の段階で先に相手の話を聴くことはその後の対応をスムーズに進める鍵にもなります。

2 教育・指導を行う

本人から話を聴いた後で、会社として望ましい行動を伝え教育・指導を行います。教育・指導の際に気を付けることは、「事実」に着目することです。性格などに言及してしまうと感情のこじれを招き、教育すべきことが正しく伝わらなくなってしまいます。指導の際は、未来の行動を具体的に提示することが必要です。

例えば、報告を怠る社員については、「いつも報告がないから改善するように」と指導するところを、「毎日〇時までにメールで日報を提出するように」というような具体的な改善行動を提示するといった具合です。

「いつも」「改善」という言葉は、人によって解釈に幅があります。何をどのようにしてほしいのか、人によって判断がぶれないレベルで明らかにすると、お互いの認識のずれが起きにくくなります。「それくらい自分で考えろ」「常識的に」というのが最もトラブルを招くパターンです。

また、教育、指導の内容を記録に残しておくことも必要です。目的は2つです。1つはお互いにとって理解が食い違わないようにすることと、もう1つは万が一解雇などの問題が発生する場合に備えて教育・指導の履歴を残しておくためです。

3 行動が改まらなければ懲戒処分を検討する

教育、指導を繰り返しても行動が改まらない場合は、懲戒処分を検討することとなります。懲戒処分を行う場合は、就業規則に懲戒の定めがあることが必要です。なぜ社員が悪いことをしているのに就業規則に定めがなければ罰を与えることができないのでしょうか。

例えば、交通ルールを考えてみましょう。時速〇〇kmを超えたら違反、罰金いくらと予め定められていて、周知されているからこそ私

たちも納得できますし、秩序に則った運用が可能になります。しかし決まりがないのに、道路を走っていたら突然捕まって罰金刑を言い渡されるとしたら、恣意的に罰が与えられてもわかりませんし、納得いくものではないでしょう。

　それと同様に、会社内での出来事についても、何の基準もなく会社が自由に懲戒処分を行うことができるとしたらそれはただの無法地帯です。自社では何をしたら違反行為と考えるのか、それに対する罰則がどのようなものであるかがルールとして定められているからこそ、適正に懲戒処分を行うことができると考えるとよいでしょう。

4　雇用契約の解消（解雇・退職勧奨など）を検討する

　ここまでのプロセスを進めても行動が改まらない、または問題行動の結果、会社に多大なる損害を与えた場合などは、雇用契約の解消、すなわち解雇や退職勧奨などを検討することとなります。

2 雇用契約解消の4つのパターン

雇用契約の解消というと解雇がイメージされがちですが、実はいくつかのパターンがあります。大まかには次の4つです。

会社側からの解約 （いわゆる「会社都合」退職）	1 解雇 2 合意退職（会社からの申出による）
従業員側からの解約 （いわゆる「自己都合」退職）	3 合意退職（従業員側からの申出による） 4 辞職

※ 「合意退職」「辞職」等は、一般的によく使われる単語として本書で使用するものではありますが、法律上明確に定義された用語ではありません。

1 解 雇

解雇とは、会社から一方的に従業員に辞めてもらうことです。従業員の意志や選択の余地はありません。

一方的に契約を破棄し労働者の身分や賃金を奪うわけですから、法律上厳しい制限が設けられています。

解雇を行う際には、その「手続」と「理由」、両方の要件が満たされ

ている必要があります。

「手続」についての要件	30日前に解雇予告を行うこと、または所定の解雇予告手当を払うこと
「理由」についての要件	解雇をしなければならないほどの客観的、合理的な理由があること、社会通念上相当であること

　手続については労働基準法にて要件が明確に定められているため、要件を満たすかどうかの判断は難しくありません。しかし、問題になりやすいのは理由のほうです。「客観的」「合理的」「社会通念上」という内容が非常に曖昧で、人によって認識が異なるため、トラブルを招きがちです。だからこそ就業規則で解雇の対象や要件について定めておくことが重要になります。

　しかし、就業規則に書いてあれば即解雇できるかといえばそうとは限りません。例えば、厚生労働省のモデル就業規則においては、解雇の条件として次のようなものが定められています。

> ②　勤務成績又は業務能率が著しく不良で、向上の見込みがなく、他の職務にも転換できない等就業に適さないとき

　「著しく不良」とはどの程度を指すのでしょうか？　また、「向上の見込みがない」「就業に適さない」とはどのような状態でしょうか？

　解雇は、一方的に従業員から生活の主たる手段である賃金を奪うという、従業員にとっては非常に重大な影響を及ぼす行為です。だからこそ、合理的理由として認められるためには、そこまでしても仕方がないと思えるほどの理由が存在することと、解雇を回避するための教育、指導等の努力を行うことが求められます。

　ですから、解雇が認められるほどの悪質な行為に該当するのかにつ

いては、「就業規則に記載してあるから OK」だけではなく、慎重な判断が必要となります。

---

① 入社して14日以内なら解雇が認められているのか？

　労働基準法上、試用期間中かつ14日以内であれば解雇予告手当は不要ということになっています。しかし、これは「手続」についての要件が免除されているだけであって、「理由」についての要件まで免除されるわけではありません。ですから、簡単に解雇できるわけではないということに注意が必要です。

② 懲戒解雇なら解雇予告手当がいらないのか？

　懲戒解雇の場合、就業規則により即時解雇とされているのが一般的です。

　しかし、懲戒解雇であれば、解雇予告手当が不要になるというわけではありません。懲戒解雇で解雇予告手当が不要になるのは「労働基準監督署長の認定を受けた場合」となります。

　自社の就業規則に照らして懲戒解雇の処分を下すだけであれば、通常の解雇と同様解雇予告手当が必要となります。労働基準監督署の認定を受けるためには、証拠資料を準備する必要もありますし認定が下りるまでの時間もかかります。このため、結局30日前に解雇を予告するのと同じくらいの時間と費用がかかってしまうことも予測されるため、あえて認定はとらない対応をとることもあります。

2　合意退職（会社からの申出による）

　会社からの「辞めてください」のお願いに対して、従業員が「はい」と応じるということです。「会社申出による合意退職」または「退職勧奨による退職」というような言い方をすることもあります。一応、従業員の側に断るかどうかの選択肢があり、最終的には雇用契約の解約に「合意」していることになります。

　合意があったことを書面に残すため、「退職合意書」「退職勧奨受諾書」などを取り交わすのが一般的です。

　この場合は、一方的に申し渡されるものではなく本人との合意が得られているため、「解雇」には該当しなくなります。すなわち、解雇予告手当や合理的理由等の要件が必要なくなるということになります。これは会社にとって大きなリスク回避になります。

　ただし、仮に形式的な合意がとられていたとしても、事実上退職の強要があった（実態として断れない状況であった）、などの場合は解雇とみなされる場合があるのでご注意ください。

　また、合意退職といっても会社側からの申出に応じてもらうものですので、会社は誠意を持って対応することが必要です。

3 合意退職（従業員からの申出による）

　従業員からの「辞めたいです」という希望に対して、会社が応じることです。

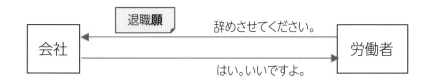

　退職の希望を出すことになるので、退職「願」を出すことになります。これが一般的な従業員からの退職のパターンです。退職願はあく

まで「お願い」なので、会社側が受理することによって退職が成立するということになります。

4 辞 職

従業員が一方的に会社を「辞めます」と意思表示することです。

会社の意向にかかわらず、一方的な意思表示なので退職「届」を出すこととなります。

従業員に突然退職されるのは、業務の引継ぎ等を考慮すると非常に困るため、就業規則では退職の意思表示については「1か月前」などと決められていることが一般的です。

しかし、就業規則に定めがある場合でも、民法の規定上、退職の意思表示をすれば最短で2週間後には退職が成立することとなります（正社員に代表される無期雇用の場合です。期間雇用等の場合は条件が異なりますのでご注意ください）。

したがって、会社としてはこのパターンで一方的に退職されてしまわないよう日頃からの信頼関係、人間関係の構築が大切となります。

5 会社都合退職か自己都合退職か

会社側から退職の話をすると、従業員側がよく気にするのが「会社都合退職」か「自己都合退職」かの違いです。この2つは前述の退職の4パターンとは異なる概念で、主には雇用保険の基本手当（いわゆる失業手当）の受給の判断に際して使用されるものです。「会社都合退

職」か「自己都合退職」かは、大まかにはどちらが先に労働契約の解約を言い出したかで判断することができます。

① いわゆる「会社都合退職」

退職のパターンにおける「1．解雇」「2．合意退職（会社からの申出）」が相当します。どちらのケースも労働契約の解消について会社側から申し出るものだからです。

従業員から見ると、解雇でなくても会社申出による合意退職であれば、失業手当については会社都合として処理されるということになります。

一方、会社側にとっては、どちらの場合も「会社都合の離職」が発生することとなり、助成金を検討している会社であれば受給要件に影響が出る場合があるため注意が必要です。

② いわゆる「自己都合退職」

退職のパターンにおける「3．合意退職（従業員からの申出）」「4．辞職」が相当します。どちらのケースも、労働契約の解消について、労働者側から申し出るものだからです。

一口に雇用契約の解消といってもさまざまなパターンがありますので、実態と状況を把握した上での対応が必要となります。

パワーハラスメント

　これってパワーハラスメント（以下「パワハラ」という）ですよね？
という同意を求められることがよくあります。ハラスメントとは、直
訳すると「悩ますこと、嫌がらせ」を指します。

　「平成30年度個別労働紛争解決制度の施行状況」（厚生労働省）によ
ると「いじめ・嫌がらせ」に関する相談件数が、大きく増しつつあり、
この10年で2倍以上となっています。

　このような状況を背景として、企業が職場のパワハラの防止を行う
ための措置を行うことが義務付けられることとなりました（2020年6

◆図表11-1　民事上の個別労働紛争の相談内容の件数

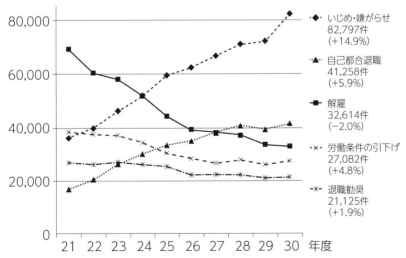

※（　）内は対前年度比。

出典：厚生労働省「平成30年度個別労働紛争解決制度の施行状況」より

月より）。

　労働者の保護体制が整備されつつある一方で、上司側からは自分の行為がパワハラとされることに怯え、正当な業務指導ができないという悩みを聴くことも少なくありません。なぜならば、具体的にどのような行為がハラスメントに該当するのか判別しにくいためです。

1 パワハラの定義

　職場のパワハラの定義については、労働施策総合推進法にて、次のように定められています

> ①職場において行われる優越的な関係を背景とした言動であって
> ②業務上必要かつ相当な範囲を超えたものにより
> ③労働者の就業環境が害されること

　なお、「客観的にみて業務上必要かつ相当な範囲で行われる適正な業務指示や指導については、職場におけるパワーハラスメントには該当しない。」とされています。また、「労働者の就業環境が害されること」の判断については「平均的な労働者の感じ方」を基準とするものとされています。

2 パワハラの6類型

　典型的なパワハラ行為として、「事業主が職場における優越的な関係を背景とした言動に起因する問題に関して雇用管理上講ずべき措置等についての指針」（厚生労働省）では次の6つのパターンが示されています。

①身体的な攻撃	【該当する例】 ・殴打、足蹴りを行うこと ・相手にものを投げつけること
	【該当しない例】 ・誤ってぶつかること
②精神的な攻撃	【該当する例】 ・人格を否定するような言動を行うこと ・他の労働者の面前における大声での威圧的な叱責を繰り返し行うこと
	【該当しない例】 ・遅刻など社会的ルールを欠いた言動が見られ、再三注意してもそれが改善されない労働者に対して一定程度強く注意をすること
③人間関係からの切り離し	【該当する例】 ・自身の意に沿わない労働者に対して、仕事を外し、長期間にわたり、別室に隔離したり、自宅研修させたりすること ・一人の労働者に対して同僚が集団で無視をし、職場で孤立させること
	【該当しない例】 ・新規に採用した労働者を育成するために短期間集中的に別室で研修等の教育を実施すること

④過大な要求	【該当する例】 ・長期間にわたる、肉体的苦痛を伴う過酷な環境下での勤務に直接関係のない作業を命ずること ・新卒採用者に対し、必要な教育を行わないまま到底対応できないレベルの業績目標を課し、達成できなかったことに対し厳しく叱責すること
	【該当しない例】 ・労働者を育成するために現状よりも少し高いレベルの業務を任せること ・業務の繁忙期に、業務上の必要性から、当該業務の担当者に通常時よりも一定程度多い業務の処理を任せること
⑤過小な要求	【該当する例】 ・管理職である労働者を退職させるため、誰でも遂行可能な業務を行わせること
	【該当しない例】 ・労働者の能力に応じて、一定程度業務内容や業務量を軽減すること
⑥個の侵害	【該当する例】 ・労働者を職場外でも継続的に監視したり、私物の写真撮影をしたりすること
	【該当しない例】 ・労働者への配慮を目的として、労働者の家族の状況等についてヒアリングを行うこと

3 基本のパワハラ対策

パワハラに対して会社が行うべき措置は、次のものとなります。

① 事業主の方針等の明確化、周知啓発 ・就業規則、社内報等の文書で、職場でパワハラを行ってはならないことを表明、及びパワハラの内容を周知 ・パワハラを行った者への懲戒について就業規則等で規定、及び周知
② 相談に応じ、適切に対応するために必要な対応の整備 ・相談担当者、窓口を設け、周知すること
③ 職場におけるパワハラに係る事後の迅速かつ適切な対応 ・事実確認を迅速かつ正確に行うこと ・被害を受けた労働者への配慮を行うこと（配置転換等） ・行為者への措置を行うこと（懲戒等） ・再発防止の措置を行うこと
④ 相談者、行為者のプライバシー保護のための措置を行うこと
⑤ 相談したこと等を理由に解雇等不利益な取扱いをしないことを定め、周知すること

4 協力会社との関係におけるパワハラ対策

パワハラについては、自社の従業員と会社間だけでなく、協力会社の従業員、フリーランス、インターン、取引先担当者との関係等においても行為者とならないよう、または自社の従業員が被害者となった場合の保護などについて、社内で対応するのと同様の措置を設け、配慮を行うことが求められます。

5 パワハラ対策の難しさとは

　パワハラ対策の難しさは、パワハラとされる行為に明確な線引きがないことです。

　厚生労働省からの例示を参考にすることや過去の判例等から類推することになりますが、それらが自社の状況に当てはまるとは限りません。

　「平均的な労働者の感じ方」を基準とすると言っても、「平均的な労働者の感じ方」は、個人の主観や価値観によって左右される部分が大きいのが実情です。

　例えば、次の事例を考えてみましょう。

> 　上司が、部下に対していつもより高めの目標を設定しました。目的は、部下にもう一段階成長してほしいからです。彼ならきっとやり遂げられると信じていたからでもあります。しかし、部下は、自分に対して到底対応できないレベルの業績目標を課されたと感じ、労働組合に相談に行きました。

　これはパワハラでしょうか？　会社としてパワハラ撲滅を明言し、事前にパワハラのパターンについて教育を行い、就業規則で懲戒規程を設ければトラブルを防止することができるでしょうか？

　これについて、「過大な要求」なのか「業務上必要かつ相当な範囲内」なのかの違いは判別のしようがありません。たとえ「訴訟になったら勝てる」としても、そもそも「訴訟」や「争い」になることそのものが会社にとっては著しい負担とリスクになりえます。結果的に「これはパワハラではない」という判断になったとしても、従業員にとっては「過大な要求」を課されていると感じている状態そのものが上司との信頼関係にひずみがあるということであり、好ましい状態ではないでしょう。

6 真のパワハラ対策とは

　暴力行為や暴力的な発言は決して許されるものではありません。パワハラについての基本的な教育や措置を行うことはもちろん重要です。しかし、どんなに完璧な措置を行ったつもりでも、ハラスメントが人と人との間で起きる問題である以上、認識の行き違いなどによるトラブルの発生は防げません。

　近年のパワハラを巡る論議については、ある行為が「パワハラに該当するかどうか」という点ばかりに必要以上に神経質になっているように感じられます。しかし、大切なのは、パワハラに該当するかどうかを知って安心（または処分）することではなく当事者が「パワハラと感じるような状態をなくすこと」なのではないでしょうか。パワハラという名前が付こうが付くまいが、人と人との信頼関係が阻害されるような出来事があるのだとすれば、その事実に一つひとつ対応しなければならないということは言うまでもありません。

　例えば、「バカ」という発言を取り上げて「パワハラだからやめましょう」という処分や教育を行うだけでは解決になりません。なぜなら、「バカ」という単語が登場する根本原因が解決されていないからです。「バカ」という単語は出現しなくなったとしても、別の問題が発生することでしょう。

　もしパワハラを本当に解決したければ、「パワハラ」という言葉を使わずに、一つひとつ事例について丁寧に対応を考えてみることをお勧めします。例えば次のようなものです。

【原因と目的】なぜ「バカ」という発言が出たのか、「バカ」と言うことによって何を伝えたかったのか
【結果】その結果、相手はどのように感じたのか
【未来への対応】今後「バカ」と言いたくなる事例が起きたら、どのような対応をとるか

また、パワハラは、「何を言われるか」より「誰に言われるか」が大きく影響を与えることもあります。それまでの信頼関係によって、同じ言葉でも効果が変わります。これはパワハラだけでなく、ハラスメントと呼ばれるもの全般に当てはまることです。ロールプレイングなどを行うのも効果的でしょう。

　ハラスメント対策で重要なのは、基本的な措置に加え一見ハラスメント対策とは関係ないところでの信頼関係やコミュニケーションのあり方の見直しを行うことでもあります。すべてのハラスメント問題がそれだけで解決できるわけではありませんが、裁判例や行政指針とのにらめっこだけでなく、日常の人間関係の積み重ねもまた重要なのです。だからこそ、普段のコミュニケーションが疎遠になりがちなITエンジニアの職場環境においては、意識的に衛生委員会やその他の仕組みを活用して、アナログのコミュニケーションを発生させる工夫が必要になるのです。

　働き方改革によって労働時間短縮が叫ばれる反面、会社は業務の効率化が求められるあまり、追い詰められて余裕がなくなっている様子があります。業務遂行は効率的に、コミュニケーションはアナログに、それぞれのメリットデメリットを考慮しつつ、会社の文化に応じたやり方を、今一度考えてみてはいかがでしょうか。

4 就業規則で罰則を厳しくすれば 労務トラブルは防げるのか

　就業規則で罰則を厳しくすればそれだけで労務トラブルは防げるのでしょうか。答えは、否であると筆者は考えます。

　もしも罰則を厳しくすれば労務トラブルを防げるのだとすれば、就業規則のない会社（従業員10名未満の会社には就業規則の作成義務がありません）では労務トラブルだらけということになります。しかし、実際にはそうではありません。

　AIが発達すればどんなトラブルにも「完全に勝てる」就業規則はできてしまうようになるかもしれません。しかし、どんなルールでもそれを使う人のこころのあり方が整っていなければ機能しません。

　優れた薬でも、使い方によっては毒になります。それと同じように、デジタル化が進む世の中だからこそ、基本的な就業規則や人事制度、法制度にのっとった労務管理を基盤としつつ、これらを使う一人ひとりのあり方が問われ、そして、人と人との信頼関係がますます重要になってくるといえるでしょう。

巻末資料

1 「労働者派遣事業と請負により行われる事業との区分に関する基準」 (37号告示) に関する疑義応答集 (抜粋)

1. 発注者と請負労働者との日常的な会話

Q

　請負労働者に対して、発注者は指揮命令を行うと偽装請負になると聞きましたが、発注者が請負事業主の労働者 (以下「請負労働者」といいます。) と日常的な会話をしても、偽装請負となりますか。

A

　発注者が請負労働者と、業務に関係のない日常的な会話をしても、発注者が請負労働者に対して、指揮命令を行ったことにはならないので、偽装請負にはあたりません。

3. 発注者の労働者による請負事業主への応援

Q

　発注者から大量の注文があり、請負労働者だけでは処理できないときに、発注者の労働者が請負事業主の作業場で作業の応援を行った場合、偽装請負となりますか。

A

　発注者の労働者が、請負事業主の指揮命令の下、請負事業主の請け負った業務を行った場合は、発注者が派遣元事業主、請負事業主が派遣先となる労働者派遣に該当します。労働者派遣法に基づき適正に行われていない限りは違法となります。

　なお、請負事業主では大量の注文に応じられないことから、従来の契約の一部解除や変更によって、請負事業主で処理しなくなった業務を発注者が自ら行うこととなった場合等は、変更等の手続が適切になされているのであれば、特に違法ではありません。

4．管理責任者の兼任

Q

　請負事業主の管理責任者が作業者を兼任する場合、管理責任者が不在になる場合も発生しますが、請負業務として問題がありますか。

A

　請負事業主の管理責任者は、請負事業主に代わって、請負作業場での作業の遂行に関する指示、請負労働者の管理、発注者との注文に関する交渉等の権限を有しているものですが、仮に作業者を兼任して、通常は作業をしていたとしても、これらの責任も果たせるのであれば、特に問題はありません。

　また、管理責任者が休暇等で不在にすることがある場合には、代理の者を選任しておき、管理責任者の代わりに権限を行使できるようにしておけば、特に問題はありません。

　ただし、管理責任者が作業者を兼任しているために、当該作業の都合で、事実上は請負労働者の管理等ができないのであれば、管理責任者とはいえず、偽装請負と判断されることになります。

　さらに、請負作業場に、作業者が1人しかいない場合で当該作業者が管理責任者を兼任している場合、実態的には発注者から管理責任者への注文が、発注者から請負労働者への指揮命令となることから、偽装請負と判断されることになります。

5．発注者の労働者と請負労働者の混在

Q

　発注者の作業スペースの一部に請負事業主の作業スペースがあるときに、発注者と請負事業主の作業スペースを明確にパーテーション等で区分しないと偽装請負となりますか。

　また、発注者の労働者と請負労働者が混在していると、偽装請負となりますか。

A

　適正な請負と判断されるためには、請負事業主が、自己の労働者に対する業務の遂行に関する指示その他の管理を自ら行っていること、請け負った業務を自己の業務として契約の相手方から独立して処理することなどが必要です。

　これらの要件が満たされているのであれば、仮に両事業主の作業スペースがパーテーション等により物理的に区分されていることがなくても、それだけをもって偽装請負と判断されるものではありません。

　また、同様に、上記の要件が満たされているのであれば、パーテーション等の区分がないだけでなく、発注者の労働者と請負労働者が混在していたとしても、それだけをもって偽装請負と判断されるものではありません。

　ただし、例えば、発注者と請負事業主の作業内容に連続性がある場合であって、それぞれの作業スペースが物理的に区分されてないことや、それぞれの労働者が混在していることが原因で、発注者が請負労働者に対し、業務の遂行方法に必然的に直接指示を行ってしまう場合は、偽装請負と判断されることになります。

7．作業工程の指示

Q

　発注者が、請負業務の作業工程に関して、仕事の順序の指示を行ったり、請負労働者の配置の決定を行ったりしてもいいですか。また、発注者が直接請負労働者に指示を行わないのですが、発注者が作成した作業指示書を請負事業主に渡してそのとおりに作業を行わせてもいいですか。

A

　適切な請負と判断されるためには、業務の遂行に関する指示その他の管理を請負事業主が自ら行っていること、請け負った業務を自己の業務として相手方から独立して処理することなどが必要です。

　したがって、発注者が請負業務の作業工程に関して、仕事の順序・方

法等の指示を行ったり、請負労働者の配置、請負事業主一人ひとりへの仕事の割付等を決定したりすることは、請負労働者が自ら業務の遂行に関する指示その他の管理を行っていないので、偽装請負と判断されることになります。

また、こうした指示は口頭に限らず、発注者が作業の内容、順序、方法等に関して文書等で詳細に示し、そのとおりに請負事業主が作業を行っている場合も、発注者による指示その他の管理を行わせていると判断され、偽装請負と判断されることになります。

10. 請負業務において発注者が行う技術指導

Q

請負労働者に対して、発注者は指揮命令を行ってはならないと聞きましたが、技術指導等を行うと、偽装請負となりますか。

A

適切な請負と判断されるためには、請負事業主が、自己の雇用する労働者の労働力を自ら直接利用すること、業務を自己の業務として契約の相手方から独立して処理することなどの要件を満たすことが必要となります。

発注者が、これらの要件を逸脱して労働者に対して技術指導等を行うことはできませんが、一般的には、発注者が請負労働者に対して行う技術指導等とされるもののうち次の例に該当するものについては、当該行為が行われたことをもって、偽装請負と判断されるものではありません。

［例］

ア　請負事業主が、発注者から新たな設備を借り受けた後初めて使用する場合、借り受けている設備に発注者による改修が加えられた後初めて使用する場合等において、請負事業主による業務処理の開始に先立って、当該設備の貸主としての立場にある発注者が、借り手としての立場にある請負事業主に対して、当該設備の操作方法等について説明を行う際に、請負事業主の監督の下で労働者に当該説明（操作方法

等の理解に特に必要となる実習を含みます。）を受けさせる場合のもの

イ　新製品の製造着手時において、発注者が、請負事業主に対して、請負契約の内容である仕様等について補足的な説明を行う際に、請負事業主の監督の下で労働者に当該説明（資料等を用いて行う説明のみでは十分な仕様等の理解が困難な場合に特に必要となる実習を含みます。）を受けさせる場合のもの

ウ　発注者が、安全衛生上緊急に対処する必要のある事項について、労働者に対して指示を行う場合のもの

11.　請負業務の内容が変更した場合の技術指導

Q

製品開発が頻繁にあり、それに応じて請負業務の内容が変わる場合に、その都度、発注者からの技術指導が必要となりますが、どの程度まで認められますか。

A

請負業務の内容等については日常的に軽微な変更が発生することも予想されますが、その場合に直接発注者から請負労働者に対して変更指示をすることは偽装請負にあたります。一方、発注者から請負事業主に対して、変更に関する説明、指示等が行われていれば、特に問題はありません。

ただし、新しい製品の製造や、新しい機械の導入により、従来どおりの作業方法等では処理ができない場合で、発注者から請負事業主に対しての説明、指示等だけでは処理できないときには、Q 10ア又はイに準じて、変更に際して、発注者による技術指導を受けることは、特に問題はありません。

12.　玄関、食堂等の使用

Q

発注者の建物内において請負業務の作業をしていますが、当該建物の

玄関、食堂、化粧室等を発注者と請負事業主が共同で使用することは違法となりますか。また、別個の双務契約を締結する必要はありますか。

A

食堂、化粧室等のように業務処理に直接必要とはされない福利厚生施設や、建物の玄関、エレベーターのように不特定多数の者が使用可能な場所・設備を、発注者と請負事業主が共同で使用することは差し支えありません。また、使用に当たって、別個の双務契約までは必ずしも要するものではありません。

「労働者派遣事業と請負により行われる事業との区分に関する基準」（37号告示）に関する疑義応答集（第2集）（抜粋）

●緊急時の指示

問3　災害時など緊急の必要により、請負労働者の安全や健康を確保するため、発注者が請負労働者に対して直接指示を行った場合、請負でなく労働者派遣事業となりますか。

→　発注者が、災害時など緊急の必要により、請負労働者の健康や安全を確保するために必要となる指示を直接行ったとしても、そのことをもって直ちに労働者派遣事業と判断されることはありません。

●業務手順の指示

問6　学校給食調理業務の発注者が「調理業務指示書」を作成し、献立ごとの材料、調理方法、温度設定等を請負事業主に示すことは問題がありますか。

→　学校給食調理業務の場合、「学校給食衛生管理基準」等に基づき、発注者から「調理業務指示書」が示されたとしても、請負事業主が作業

ごとの労働者の配置等の決定を行っており、実際の作業の指揮命令も請負事業主によってなされる場合には、労働者派遣事業と直ちに判断されることはありません。

ただし、「調理業務指示書」の内容が、献立ごとの労働者数を特定したり、作業の割付まで示したりしている場合は、請負労働者の配置の決定や業務遂行に関する指示を発注者が実質的に行っていると認められるので、労働者派遣事業と判断されることになります。

●管理責任者の不在等

> 問8　請負労働者が発注者の事業所で1人で請負業務を処理しています。そこには、請負事業主の管理責任者は常駐しておらず、請負労働者や発注者との連絡調整のため、必要に応じて巡回して業務上の指示を行っていますが、請負業務として問題がありますか。

→　請負業務を行う労働者が1人しかいない場合、当該労働者が管理責任者を兼任することはできず、当該労働者以外の管理責任者又は請負事業主が、作業の遂行に関する指示、請負労働者の管理、発注者との注文に関する交渉等を行う必要があります。しかし、当該管理責任者が業務遂行に関する指示、労働者の管理等を自ら的確に行っている場合には、多くの場合、管理責任者が発注者の事業所に常駐していないことだけをもって、直ちに労働者派遣事業と判断されることはありません。

なお、労働者派遣事業と判断されないためには、管理責任者の不在時であっても、請負事業主が自己の雇用する労働者の労働力を自ら利用するものであること及び請け負った業務を自己の業務として相手方から独立して処理するものであることが担保される必要があり、例えば、発注者と請負事業主の管理責任者との確実な連絡体制をあらかじめ確立しておくことや、請負労働者の出退勤管理を含む労働時間管理等労働者の管理や業務遂行に関する指示等を請負事業主自らが確実に行えるようにしておくことが必要です。

●打ち合わせへの請負労働者の同席等

> 問9　発注者との打ち合わせ会議や、発注者の事業所の朝礼に、請負事業主の管理責任者だけでなく請負労働者も出席した場合、請負でなく労働者派遣事業となりますか。

→　発注者・請負事業主間の打ち合わせ等に、請負事業主の管理責任者だけでなく、管理責任者自身の判断で請負労働者が同席しても、それのみをもって直ちに労働者派遣事業と判断されることはありません。

ただし、打ち合わせ等の際、作業の順序や従業員への割振り等の詳細な指示が行われたり、発注者から作業方針の変更が日常的に指示されたりして、請負事業主自らが業務の遂行方法に関する指示を行っていると認められない場合は、労働者派遣事業と判断されることになります。

> 問10　発注者からの依頼メールを請負事業主の管理責任者に送付する際、管理責任者の了解の下、請負労働者にも併せて（cc で）送付した場合、請負でなく労働者派遣事業となりますか。

→　発注者から請負事業主への依頼メールを、管理責任者の了解の下、請負労働者に併せて送付したことのみをもって、直ちに労働者派遣事業と判断されることはありません。

ただし、メールの内容が実質的に作業の順序や従業員への割振り等の詳細な指示が含まれるものであったり、作業方針の変更が日常的に指示されたり、あるいは発注者から請負労働者に直接返信を求めている場合など、請負事業主自らが業務の遂行方法に関する指示を行っていると認められない場合は、労働者派遣事業と判断されることになります。

なお、請負事業主から発注者に請負労働者の個人情報を提供する際には、個人情報保護法等に基づく適正な取扱（例えば、請負労働者の

メールアドレスの提供に先立ち請負労働者本人の同意を得る等）が求められます。

●請負事業主の就業規則・服務規律

> 問11　請負業務の実施に当たり、発注者側の作業効率化や施設管理の必要上、発注者の就業時間・休日、服務規律、安全衛生規律と同等の内容で、請負事業主が自己の労働者を指揮命令することは、請負業務として問題がありますか。

→　請負業務では、請負事業主は自己の就業規則、服務規律等に基づき、労働者を指揮命令して業務を遂行する必要があります。

　　ただし、例えば、請負事業主の業務の効率化、各種法令等による施設管理や安全衛生管理の必要性等合理的な理由がある場合に、結果的に発注者と同様の就業時間・休日、服務規律、安全衛生規律等となったとしても、それのみをもって直ちに労働者派遣事業と判断されることはありません。

●発注者による請負労働者の氏名等の事前確認

> 問12　発注者の社内セキュリティー規定により、発注者の施設内に入場する請負労働者の氏名をあらかじめ請負事業主から提出させ、発注者が確認することは問題がありますか。

→　請負業務では、請負事業主が労働者の配置等の決定や変更を自ら行うことが必要です。ただし、当該決定・変更を請負事業主自らが行っている限り、施設の保安上の理由や企業における秘密保持等、発注者の事業運営上必要な場合に、従事予定労働者の氏名をあらかじめ発注者に提出しても、そのことのみをもって発注者が請負労働者の配置等の決定及び変更に関与しているとは言えず、直ちに労働者派遣事業又は労働者供給事業と判断されることはありません。

なお、請負事業主から発注者へ請負労働者の氏名等の個人情報を提供する際には、個人情報保護法等に基づく適正な取扱（例えば、あらかじめ請負労働者本人の了解を得る等）が求められます。

問13　請負業務の実施に当たり、情報漏洩防止のため、発注者が、請負労働者から請負事業主あての誓約書を提出させ、その写しを発注者に提出するよう求めることは可能ですか。
　　　また、請負事業主の業務遂行能力の確認のため、請負労働者に職務経歴書を求めたり事前面談を行ったりすることは可能ですか。

→　請負事業主が、請負業務に従事する労働者の決定を自ら行っている場合は、発注者が請負事業主に対し、情報漏洩防止のため、請負労働者の請負事業主あての誓約書の写しを求めても、そのことのみをもって労働者派遣事業又は労働者供給事業と判断されることはありません。

　一方、発注者が請負労働者の職務経歴書を求めたり事前面談を行ったりする場合は、一般的には当該行為が請負労働者の配置決定に影響を与えるので、労働者派遣事業又は労働者供給事業と判断されることがあります。特に、職務経歴書の提出や事前面談の結果、発注者が特定の者を指名して業務に従事させたり、特定の者について就業を拒否したりする場合は、発注者が請負労働者の配置等の決定及び変更に関与していると判断されることになります。

　なお、請負事業主から発注者へ請負労働者の個人情報を提供する際には、個人情報保護法等に基づく適正な取扱（例えば、誓約書の写しの提供に先立ち請負労働者本人の同意を得る等）が求められます。

2 労働基準法研究会報告
労働基準法の「労働者」の判断基準について（抜粋）

（昭和60年12月19日）

第1　労働基準法の「労働者」の判断

1　労働基準法第9条は、その適用対象である「労働者」を「……使用される者で、賃金を支払われる者をいう」と規定している。これによれば、「労働者」であるか否か、すなわち「労働者性」の有無は「使用される＝指揮監督下の労働」という労務提供の形態及び「賃金支払」という報酬の労務に対する対償性、すなわち報酬が提供された労務に対するものであるかどうかということによって判断されることとなる。この二つの基準を総称して、「使用従属性」と呼ぶこととする。

2　しかしながら、現実には、指揮監督の程度及び態様の多様性、報酬の性格の不明確さ等から、具体的事例では、「指揮監督下の労働」であるか、「賃金支払」が行われているかということが明確性を欠き、これらの基準によって「労働者性」の判断をすることが困難な場合がある。

　このような限界的事例については、「使用従属性」の有無、すなわち「指揮監督下の労働」であるか、「報酬が賃金として支払われている」かどうかを判断するに当たり、「専属度」、「収入額」等の諸要素をも考慮して、総合判断することによって「労働者性」の有無を判断せざるを得ないものと考える。

3　なお、「労働者性」の有無を法律、制度等の目的、趣旨と相関させて、ケース・バイ・ケースで「労働者」であるか否かを判断する方法も考え得るが、少なくとも、労働基準関係法制については、使用従属の関係にある労働者の保護を共通の目的とするものであり、また、全国画一的な監督行政を運営していく上で、「労働者」となったり、ならなかったりすることは適当でなく、共通の判断によるべきものであろう。

第2 「労働者性」の判断基準

　以上のように「労働者性」の判断に当たっては、雇用契約、請負契約といった形式的な契約形式のいかんにかかわらず、実質的な使用従属性を、労務提供の形態や報酬の労務対償性及びこれらに関連する諸要素をも勘案して総合的に判断する必要がある場合があるので、その具体的判断基準を明確にしなければならない。

　この点については、現在の複雑な労働関係の実態のなかでは、普遍的な判断基準を明示することは、必ずしも容易ではないが、多数の学説、裁判例等が種々具体的判断基準を示しており、次のように考えるべきであろう。

1　「使用従属性」に関する判断基準
　(1)　「指揮監督下の労働」に関する判断基準
　　　労働が他人の指揮監督下において行われているかどうか、すなわち他人に従属して労務を提供しているかどうかに関する判断基準としては、種々の分類があり得るが、次のように整理することができよう。

　　イ　仕事の依頼、業務従事の指示等に対する諾否の自由の有無
　　　　「使用者」の具体的な仕事の依頼、業務従事の指示等に対して諾否の自由を有していれば、他人に従属して労務を提供するとは言えず、対等な当事者間の関係となり、指揮監督関係を否定する重要な要素となる。

　　　　これに対して、具体的な仕事の依頼、業務従事の指示等に対して拒否する自由を有しない場合は、一応、指揮監督関係を推認させる重要な要素となる。なお、当事者間の契約によっては、一定の包括的な仕事の依頼を受諾した以上、当該包括的な仕事の一部である個々具体的な仕事の依頼については拒否する自由が当然制限される場合があり、また、専属下請のように事実上、仕事の依頼を拒否することができないという場合もあり、このような場合

には、直ちに指揮監督関係を肯定することはできず、その事実関係だけでなく、契約内容等も勘案する必要がある。

ロ　業務遂行上の指揮監督の有無
　(イ)　業務の内容及び遂行方法に対する指揮命令の有無
　　　業務の内容及び遂行方法について「使用者」の具体的な指揮命令を受けていることは、指揮監督関係の基本的かつ重要な要素である。しかしながら、この点も指揮命令の程度が問題であり、通常注文者が行う程度の指示等に止まる場合には、指揮監督を受けているとは言えない。なお、管弦楽団員、バンドマンの場合のように、業務の性質上放送局等「使用者」の具体的な指揮命令になじまない業務については、それらの者が放送事業等当該事業の遂行上不可欠なものとして事業組織に組み入れられている点をもって、「使用者」の一般的な指揮監督を受けていると判断する裁判例があり、参考にすべきであろう。
　(ロ)　その他
　　　そのほか、「使用者」の命令、依頼等により通常予定されている業務以外の業務に従事することがある場合には、「使用者」の一般的な指揮監督を受けているとの判断を補強する重要な要素となろう。

ハ　拘束性の有無
　　勤務場所及び勤務時間が指定され、管理されていることは、一般的には、指揮監督関係の基本的な要素である。しかしながら、業務の性質上（例えば、演奏）、安全を確保する必要上（例えば、建設）等から必然的に勤務場所及び勤務時間が指定される場合があり、当該指定が業務の性質等によるものか、業務の遂行を指揮命令する必要によるものかを見極める必要がある。

ニ　代替性の有無　―指揮監督関係の判断を補強する要素―

本人に代わって他の者が労務を提供することが認められている
　か否か、また、本人が自らの判断によって補助者を使うことが認
　められているか否か等労務提供に代替性が認められているか否か
　は、指揮監督関係そのものに関する基本的な判断基準ではないが、
　労務提供の代替性が認められている場合には、指揮監督関係を否
　定する要素のひとつとなる。

(2)　報酬の労務対償性に関する判断基準
　　労働基準法第11条は、「賃金とは、賃金、給料、手当、賞与その他
　名称の如何を問わず、労働の対償として使用者が労働者に支払うす
　べてのものをいう。」と規定している。すなわち、使用者が労働者に
　対して支払うものであって、労働の対償であれば、名称の如何を問
　わず「賃金」である。この場合の「労働の対償」とは、結局におい
　て「労働者が使用者の指揮監督の下で行う労働に対して支払うもの」
　と言うべきものであるから、報酬が「賃金」であるか否かによって
　逆に「使用従属性」を判断することはできない。
　　しかしながら、報酬が時間給を基礎として計算される等労働の結
　果による較差が少ない、欠勤した場合には応分の報酬が控除され、
　いわゆる残業をした場合には通常の報酬とは別の手当が支給される
　等報酬の性格が使用者の指揮監督の下に一定時間労務を提供してい
　ることに対する対価と判断される場合には、「使用従属性」を補強す
　ることとなる。

2　「労働者性」の判断を補強する要素
　前述のとおり、「労働者性」が問題となる限界的事例については、「使
用従属性」の判断が困難な場合があり、その場合には、以下の要素をも
勘案して、総合判断する必要がある。

(1)　事業者性の有無
　　労働者は機械、器具、原材料等の生産手段を有しないのが通例で

あるが、最近におけるいわゆる傭車運転手のように、相当高価なトラック等を所有して労務を提供する例がある。このような事例については、前記1の基準のみをもって「労働者性」を判断することが適当でなく、その者の「事業者性」の有無を併せて、総合判断することが適当な場合もある。

イ　機械、器具の負担関係

本人が所有する機械、器具が安価な場合には問題はないが、著しく高価な場合には自らの計算と危険負担に基づいて事業経営を行う「事業者」としての性格が強く、「労働者性」を弱める要素となるものと考えられる。

ロ　報酬の額

報酬の額が当該企業において同様の業務に従事している正規従業員に比して著しく高額である場合には、上記イと関連するが、一般的には、当該報酬は、労務提供に対する賃金ではなく、自らの計算と危険負担に基づいて事業経営を行う「事業者」に対する代金の支払と認められ、その結果、「労働者性」を弱める要素となるものと考えられる。

ハ　その他

以上のほか、裁判例においては、業務遂行上の損害に対する責任を負う、独自の商号使用が認められている等の点を「事業者」としての性格を補強する要素としているものがある。

(2)　専属性の程度

特定の企業に対する専属性の有無は、直接に「使用従属性」の有無を左右するものではなく、特に専属性がないことをもって労働者性を弱めることとはならないが、「労働者性」の有無に関する判断を補強する要素のひとつと考えられる。

イ　他社の業務に従事することが制度上制約され、また、時間的余裕がなく事実上困難である場合には、専属性の程度が高く、いわゆる経済的に当該企業に従属していると考えられ、「労働者性」を補強する要素のひとつと考えて差し支えないであろう。なお、専属下請のような場合については、上記1(1)イと同様留意する必要がある。

ロ　報酬に固定給部分がある、業務の配分等により事実上固定給となっている、その額も生計を維持しうる程度のものである等報酬に生活保障的な要素が強いと認められる場合には、上記イと同様、「労働者性」を補強するものと考えて差し支えないであろう。

(3)　その他

　　以上のほか、裁判例においては、①採用、委託等の際の選考過程が正規従業員の採用の場合とほとんど同様であること、②報酬について給与所得としての源泉徴収を行っていること、③労働保険の適用対象としていること、④服務規律を適用していること、⑤退職金制度、福利厚生を適用していること等「使用者」がその者を自らの労働者と認識していると推認される点を、「労働者性」を肯定する判断の補強事由とするものがある。

第3　具体事案

(中略)

(事例3)　在宅勤務者A

1　事業等の概要

(1)　事業の内容

　　ソフトウェアの開発、計算業務の受託、電算室の総括的管理運営

(2)　在宅勤務者の業務の種類、内容

会社よりミニファックスで伝送される仕様書等に基づき、プログラムの設計、コーディング、机上でのデバッグを行う。

2　在宅勤務者の契約内容及び就業の実態
(1)　契約関係
期間の定めのない雇用契約により、正社員として採用している。

(2)　業務の諾否の自由
会社から指示された業務を拒否することは、病気等特別な理由がない限り、認められていない。

(3)　指揮命令
業務内容は仕様書等に従ってプログラムの設計等を行うことであり、定形化しており、通常、細かな指示等は必要ない。なお、10日に1回出社の義務があり、その際、細かい打合せ等をすることもある。

(4)　就業時間の拘束性
勤務時間は、一般従業員と同じく午前9時から午後5時（休憩1時間）と決められており、労働時間の管理、計算は本人に委ねている。

(5)　報酬の性格及び額
報酬は、一般従業員と同じく月給制（固定給）である。

(6)　専属性
正社員であるので、他社への就業は禁止されている。

(7)　機械、器具の負担
末端機器及び電話代は、会社が全額負担している。

3 「労働者性」の判断
(1) 「使用従属性」について

　①業務の具体的内容について、仕様書等により業務の性質上必要な指示がなされていること、②労働時間の管理は、本人に委ねられているが、勤務時間が定められていること、③会社から指示された業務を拒否することはできないこと、に加えて、④報酬が固定給の月給であることから、「使用従属性」があるものと考えられる。

(2) 「労働者性」の判断を補強する要素について

　①業務の遂行に必要な末端機器及び電話代が会社負担であること、②報酬の額が他の一般従業員と同等であること、③正社員として他社の業務に従事することが禁止されていること、④採用過程、税金の取扱い、労働保険の適用等についても一般従業員と同じ取扱いであることは、「労働者性」を補強する要素である。

(3) 結論

　本事例の在宅勤務者は、労働基準法第9条の「労働者」であると考えられる。

（以下、省略）

●著者略歴

郡司　果林（ぐんじ　かりん）

特定社会保険労務士
1974年生まれ。新潟県出身。日本大学芸術学部放送学科卒。
SEとしてシステム開発に従事した後、IT企業の人事担当を経て独立し、
office role開設。
労働基準監督署の相談員として労務トラブルの最前線を経験すると共に、人事
担当者としての経験から、衛生委員会を活用した組織支援やシステム導入によ
る労務管理の効率化サポートなどを行う。全国社会保険労務士桜門会、日本ア
ドラー心理学会所属。

●執筆協力
江黒　照美（特定社会保険労務士）
沢部　隼（司法書士）
清水　豊（弁護士）

働きやすさを実現する
ITエンジニアの労務管理　　　　　令和2年3月10日　初版発行

 日本法令®

検印省略

著　者　郡　司　果　林
発行者　青　木　健　次
編集者　岩　倉　春　光
印刷所　三　報　社　印　刷
製本所　国　　宝　　社

〒 101-0032
東京都千代田区岩本町1丁目2番19号
https://www.horei.co.jp/

（営業）　TEL　03-6858-6967　　Eメール　syuppan@horei.co.jp
（通販）　TEL　03-6858-6966　　Eメール　book.order@horei.co.jp
（編集）　FAX　03-6858-6957　　Eメール　tankoubon@horei.co.jp

（バーチャルショップ）　https://www.horei.co.jp/iec/
（お詫びと訂正）　https://www.horei.co.jp/book/owabi.shtml

※万一、本書の内容に誤記等が判明した場合には、上記「お詫びと訂正」に最新情報を掲載し
ております。ホームページに掲載されていない内容につきましては、FAXまたはEメー
ルで編集までお問合せください。